博物馆数字化建设与应用研究

◎杜婷婷　施林欣　著

湘潭大学出版社
XIANGTAN UNIVERSITY PRESS

前　言

PREFACE

如今，科技的发展对博物馆提出了新的挑战。博物馆数字化的转型，对智慧博物馆建设和博物馆事业的高质量发展至关重要。博物馆数字化主要是运用科技手段，对博物馆全业务进行信息化、系统化，有效提升文物的数字化保护、管理和利用水平，实现博物馆精准化管理、创新和拓展博物馆服务模式，提升博物馆综合实力，实现博物馆的核心价值和社会使命，来实现自我价值并展现时代精神。

笔者在研究博物馆数字化的建设的基础上，重点选取了一些文博单位的案例进行分析研究，希望本书对博物馆数字化的应用和探析能够对当代博物馆数字化建设提供现实的借鉴意义。

目 录
CONTENTS

第一章
博物馆数字化概述

第一节　博物馆数字化的概念及功能

一、博物馆数字化概念

（一）概念

在科技飞速发展的时代，博物馆数字化正逐渐成为文化领域的重要变革力量。博物馆数字化是一个内涵丰富且具有深远意义的概念，它涵盖了利用现代信息技术对博物馆的全方位改造与提升，旨在突破传统博物馆在时间、空间以及资源利用等多方面的限制，实现文化遗产的更广泛传播、更深入研究与更妥善保护。

从技术层面来看，博物馆数字化首先体现在藏品的数字化呈现上。这意味着运用多种先进的数字化采集技术，将各类文物、艺术品等藏品转化为数字形式。对于二维的藏品，如书画、古籍、历史文献等，通过超高分辨率的扫描设备，能够精确地捕捉到每一个细微的笔触、每一个文字的笔画以及纸张的纹理与色泽变化。例如，在对一幅古代名家书画进行数字化处理时，专业的扫描仪可以以极高的像素记录下画面的每一处细节，无论是画家笔下的微妙晕染，还是岁月在纸张上留下的斑驳痕迹，都能清晰地呈现在数字图像之中。而对于三维的藏品，像雕塑、陶瓷、青铜器以及各类文物摆件等，则借助三维激光扫描技术、结构光扫描技术等手段构建其数字模型。这些技术通过发射激光束或特定的光图案到藏品表面，然后根据反射光的变化来计算藏品表面各点的空间位置信息，从而构建出高度精确且逼真的三维模型。以一尊精美的古代佛像雕塑为例，经过三维扫描后，其庄严的面容、流畅的衣褶以及独特的姿态等所有细节都能在数字模型中得以完美还原，并且可以从任意角度进行全方位的观察与研究。

藏品的数字化不仅仅是简单的数据采集，还涉及数据的存储、管理与整合。博物馆需要建立庞大而高效的数字存储系统，通常采用专业的数据库管理软件来组织和存储藏品的数字化信息。这些数据库不仅包含藏品的图像、三维模型等直观的视觉数据，还涵盖了丰富的元数据，如藏品的名称、年代、出处、材质、尺寸、重量、历史背景、文化价值等详细信息。通过数据库管理系统，工作人员能够方便快捷地对藏品数据进行检索、查询、分类、统计以及更新操作。例如，研究人员若要探究某一特定历史时期的陶瓷工艺，只需在数据库中输入关键词，如“唐代陶瓷”“青花瓷”等，系统便能迅速筛选出符合条件的藏品数据，并提供其详细的图像资料、制作工艺介绍以及相关的历史文化背景信息，极大地提高了研究工作的效率和准确性。

在博物馆的运营管理方面，数字化同样发挥着关键作用，这便是管理数字化的范畴。博物馆的日常管理工作，包括藏品的出入库管理、展览的策划与组织、人员的调配与培训、财务管理以及安全监控等各个环节，都逐渐借助数字化技术实现了智能化与高效化。在藏品出入库管理中，采用射频识别（RFID）技术为每件藏品贴上独一无二的电子标签。当藏品进出库房时，安装在门口的 RFID 读取设备能够自动感应并识别藏品信息，同时将相关数据实时传输到管理系统中，记录下藏品的出入库时间、经手人员、移动轨迹等详细信息。这不仅大大减少了人工操作的烦琐与误差，还实现了对藏品流向的精准跟踪与监控，有效保障了藏品的安全。

展览策划与管理的数字化则为博物馆的展示工作带来了全新的思路与方法。借助专业的展览策划软件，策展人员可以在虚拟环境中对展览进行精心设计与布局。他们能够自由地调整展品的摆放位置、角度以及展示方式，灵活地设置展厅的灯光效果、空间布局以及参观路线等，并且可以通过虚拟现实

（VR）或增强现实（AR）技术提前预览展览的实际效果，进行反复修改与优化，直至达到最佳的展示效果。在展览期间，数字化管理系统还能够实时监测观众的流量、流向以及停留时间等信息，根据这些数据及时调整展览的运营策略，如合理安排限流措施、优化讲解服务安排等，从而为观众提供更加舒适、便捷且富有深度的参观体验。

博物馆数字化的另一个重要体现是服务数字化，其核心目标是提升观众的参观体验并拓展文化传播的广度与深度。在线下服务数字化方面，电子导览系统成了博物馆与观众互动交流的得力助手。这种系统通常以手持设备或手机应用程序的形式呈现给观众。当观众进入博物馆后，电子导览设备能够通过定位技术精准地感知观众的位置，当观众靠近某一展品时，便会自动播放与之相关的语音讲解、视频介绍或图文说明。这些讲解内容往往由专业的文物研究人员精心编写录制，不仅包含了展品的基本信息，还深入挖掘了其背后的历史文化内涵、艺术价值以及相关的趣闻轶事，使观众能够更加全面、深入地了解展品所蕴含的丰富信息。例如，在参观历史文物展览时，观众手持电子导览设备站在一件古代青铜器前，就能听到关于这件青铜器的制作年代、用途、工艺特点以及它在当时社会文化生活中所扮演角色的详细讲解，仿佛有一位专业的导游在身边娓娓道来。

多媒体展示设备也是线下服务数字化的重要组成部分。博物馆通过设置触摸屏、投影设备、VR 体验区以及 AR 互动装置等多种多媒体展示设备，为观众打造了一个更加生动、直观且富有沉浸感的参观环境。触摸屏设备为观众提供了自主查询藏品信息的便捷途径，观众可以根据自己的兴趣和需求，自由浏览藏品的详细介绍、高清图像、相关视频资料等，深入探索自己感兴趣的文化内容。投影设备则能够将大型的历史场景、文化故事或艺术作品以震撼的视觉效果投射在展厅的墙壁、地面或天花板上，使观众仿佛置身于历史的长河之中，亲身感受文化的魅力与力量。例如，在展示古代历史战争场景时，通过投影设备将宏大的战争画面投射在展厅的地面上，配合逼真的音效，观众仿佛能够看见古代军队的厮杀与征战，深刻体会到历史的厚重与沧桑。而 VR 和 AR 技术的应用更是为观众带来了前所未有的参观体验。通过 VR 设备，观众可以

“穿越”到古代的宫殿、寺庙、园林等历史场景中，进行沉浸式的参观游览；通过 AR 设备，观众可以在现实展品的基础上看到虚拟还原的历史场景、人物形象或文化活动，使静态的展品“活”起来，让观众更加直观地感受文化遗产的魅力与价值。

在服务数字化的线上领域，博物馆官方网站的建设成为连接博物馆与全球观众的重要桥梁。博物馆官方网站通常包含丰富的内容板块，如藏品展示、展览介绍、教育活动推广、学术研究成果发布、在线预约服务以及虚拟展厅体验等。在藏品展示板块，网站会展示大量藏品的数字化图像资料，并提供详细的文字介绍、多角度视图以及缩放功能，使观众能够清晰地欣赏到藏品的精美细节。部分博物馆网站还推出了 360 度全景展示或虚拟展厅功能，观众可以通过鼠标操作或手机屏幕滑动，在虚拟环境中自由“漫步”于展厅之中，近距离欣赏各类展品，仿佛身临其境般地感受博物馆的展览氛围。展览介绍板块则会及时发布博物馆的展览信息，包括展览的主题、时间、地点、展品亮点以及策展思路等内容，同时还会提供线上展览导览服务，帮助观众提前了解展览内容，规划参观路线。教育活动推广板块则针对不同年龄段和学习需求的观众，推出了丰富多彩的线上教育课程、讲座、工作坊以及亲子活动等信息，吸引观众积极参与博物馆的教育活动，提升文化素养。学术研究成果发布板块则为专业研究人员提供了一个交流与分享的平台，博物馆会在网站上发布最新的学术研究论文、考古报告、文物保护技术成果等信息，促进学术研究的深入开展与合作交流。在线预约服务则方便观众提前预约参观时间、购买门票以及预订讲解服务等，有效提高了观众参观的便利性和效率。

社交媒体运营也是博物馆线上服务数字化的重要手段之一。博物馆纷纷入驻微博、微信、抖音等主流社交媒体平台，通过发布有趣的藏品故事、精彩的展览瞬间、教育活动的预告与回顾、科普知识短视频等内容，吸引了大量粉丝的关注与互动。例如，博物馆可以在微博上发布一张古代文物的高清图片，并配上一段生动有趣的文字介绍，邀请网友猜测文物的用途或年代，引发网友的广泛讨论和参与；在抖音上发布一段时长较短但内容精彩的文物修复视频，展示文物修复师精湛的技艺和耐心细致的工作过程，吸引观众的点赞和分享。

通过社交媒体平台的互动，博物馆不仅能够扩大自身的品牌影响力和知名度，还能够与观众建立更加紧密的联系，深入了解观众的需求和反馈，从而不断优化服务与内容。

此外，博物馆还构建了在线教育与研究平台，为广大观众和专业研究人员提供了更加深入、系统的服务。在教育方面，平台针对不同层次的受众群体，开发了一系列丰富多样的在线课程资源。从面向儿童和青少年的科普启蒙课程，通过动画、游戏、故事等形式生动有趣地介绍历史文化知识和文物保护常识，到面向普通成年人的文化素养提升课程，深入讲解各类艺术流派、历史时期的文化特点以及文物背后的故事，再到面向专业学生和研究人员的学术课程，邀请国内外知名专家学者进行授课，系统地传授考古学、文物学、博物馆学等专业知识和最新研究成果。这些在线课程不仅提供了视频讲解、图文资料、课后作业等学习资源，还设置了在线讨论区和答疑环节，方便学员之间以及学员与教师之间进行互动交流，形成良好的学习氛围。在研究方面，在线教育与研究平台为专业研究人员提供了远程访问博物馆藏品数据库的权限，使他们能够在任何时间、任何地点获取所需的藏品数字化信息，进行深入的学术研究工作。同时，平台还定期举办线上学术研讨会、专题讲座以及学术交流活动，促进不同地区、不同领域的研究人员之间的合作与交流，推动文化研究事业的蓬勃发展。

综上所述，博物馆数字化是一个涉及多领域、多技术融合的综合性概念。它通过藏品数字化、管理数字化以及服务数字化等多个方面的协同发展，将传统博物馆的丰富资源与现代信息技术深度结合，实现了文化遗产的数字化呈现、智能化管理、多元化服务以及全球化传播。这一变革不仅为博物馆自身的发展注入了新的活力与机遇，也为广大观众提供了更加便捷、丰富、深入的文化体验，更为文化的传承与创新开辟了新的广阔空间，在当今时代的文化建设中具有不可替代的重要意义。

（二）分类

1. 藏品数字化

图像采集：对于书画、古籍、平面织物等二维藏品，图像采集是关键步骤。博物馆通常采用高精度的扫描仪或专业数码相机来获取藏品的数字图像。例如，在扫描古籍时，会使用能够达到超高分辨率的扫描仪，其分辨率可以精确到每英寸数千个像素点，这样就能清晰地捕捉到古籍书页上的文字、插图、纸张纹理，甚至是岁月留下的微小痕迹，如污渍、破损等细节。这些高分辨率图像不仅可以用于藏品的记录和研究，还能为后续的修复工作提供参考。

色彩管理：色彩的准确还原是二维藏品数字化的重要环节。由于不同的扫描设备和显示设备可能会导致色彩偏差，博物馆需要建立严格的色彩管理系统。这包括对扫描设备进行色彩校准，使其能够按照国际标准色彩空间（如 CIELAB 色彩空间）来采集图像。同时，在图像存储和展示的过程中，也需要确保色彩的一致性。例如，对于一幅古代绘画作品，其原本的色彩是画家精心调配和历经岁月沉淀后的结果，通过色彩管理系统，无论在博物馆内部的研究终端，还是在面向公众的线上展示平台，观众看到的颜色都能尽可能地接近原作的真实色彩。

文本识别与标注：在获取图像后，对于有文字内容的二维藏品，如古籍、书画题跋等，还需要进行文本识别和标注。光学字符识别（OCR）技术可以将图像中的文字转化为可编辑的文本格式。然后，通过专业的文物研究人员对这些文字进行校对和标注，注明文字的内容、字体、作者、年代等信息。例如，对于一部古代经书的数字化，通过 OCR 技术将经文内容提取出来后，研究人员可以对经文进行注释，包括对其中生僻字的解释、引用的经典出处等，这有助于深入挖掘藏品的文化内涵。

几何形状数据采集：对于雕塑、陶瓷、青铜器等三维藏品，几何形状数据的采集是数字化的基础。三维激光扫描技术是常用的方法之一。该技术通过发射激光束到藏品表面，然后接收反射光来计算藏品表面各点的空间位置，从而构建出藏品的三维几何模型。例如，在对一个大型古代石雕进行扫描时，激光扫描设备可以在短时间内获取石雕表面成千上万个点的三维坐标，精确地描绘出石雕的外形轮廓。另一种方法是结构光扫描，它通过投射特定的光图案到藏品表面，根据光图案的变形来计算藏品的形状，这种方法对于表面细节丰富的藏品有很好的效果。

表面纹理映射：在获取几何形状数据后，还需要将藏品的表面纹理映射到三维模型上，以实现逼真的数字化效果。这可以通过拍摄高分辨率的藏品表面照片，然后利用纹理映射算法将照片与三维几何模型进行匹配来实现。例如，对于一个有着精美纹饰的青铜器，拍摄其各个部分的表面纹理照片后，将这些照片准确地映射到青铜器的三维模型上，使得在虚拟环境中观察这个青铜器模型时，能够看到与实物一样的纹饰细节，包括纹饰的线条、图案的层次等。

材质属性数字化：除了形状和纹理，部分博物馆还会对三维藏品的材质属性进行数字化处理。这涉及藏品的物理特性，如密度、硬度、光泽度等。通过专业的检测设备和分析软件，将这些材质属性数据记录下来，并与三维模型相结合。例如，对于一件陶瓷藏品，其胎质的密度和釉面的光泽度等属性可以通过仪器检测出来，这些数据添加到陶瓷的三维数字模型中后，在进行虚拟展示或研究时，可以更真实地呈现藏品的特征，也有助于文物保护专家对藏品的保存状况进行评估。

2. 管理数字化

数据库管理系统：博物馆建立藏品管理数据库是实现藏品管理数字化的核心。这个数据库存储了藏品的基本信息（如名称、年代、类别、来源等）、数字化资源（图像、三维模型等）、保管历史（出入库记录、维护记录等）等大量数据。数据库管理系统可以实现对这些数据的高效存储、检索、更新和备份。例如，工作人员可以通过在数据库中输入藏品的名称或编号，快速查询到该藏品的所有相关信息，包括它当前的位置、最近一次的维护时间和内容等。

库存盘点与定位系统：利用射频识别（RFID）技术和定位传感器，博物馆可以实现高效的库存盘点和藏品定位。在藏品上贴上 RFID 标签后，通过手持的 RFID 读取设备，工作人员可以快速扫描并识别藏品，同时系统会自动更新库存信息。结合室内定位技术，如超宽带（UWB）定位或蓝牙定位，能够精确地确定藏品在库房或展厅中的位置。例如，在大型博物馆的库房中，当需要查找某件特定的藏品时，工作人员可以通过定位系统迅速找到它的存放位置，大大节省了时间和精力。

藏品保护监测系统：为了确保藏品的安全和良好状态，博物馆会建立藏品保护监测系统。这个系统可以实时监测藏品所处环境的温度、湿度、光照、空气质量等因素，并将这些数据与藏品的状态（如颜色变化、物理变形等）进行关联分析。例如，如果环境湿度长时间超出适宜范围，可能会导致纸质藏品受潮发霉，通过监测系统及时发现这种情况，就能采取相应的保护措施，如开启除湿设备或调整藏品的存放位置。

展览策划软件：在展览策划阶段，博物馆使用展览策划软件来设计展览布局。这些软件可以模拟展厅的空间，让策展人能够在虚拟环境中摆放展品、调整展示方式和设计参观路线。例如，策展人可以通过软件将不同尺寸、形状的展品放置在展厅的不同位置，调整展品之间的距离和角度，设置灯光的方向和强度，从而预先看到展览的整体效果。这有助于优化展览设计，避免在实际布展过程中出现空间利用不合理或视觉效果不佳等问题。

观众流量预测与管理系统：在展览期间，为了确保观众的参观体验和展品的安全，博物馆会使用观众流量预测与管理系统。这个系统可以根据历史数据、展览规模、宣传力度等因素预测观众流量，并在展览现场通过摄像头、传感器等设备实时监测观众人数。

展览效果评估系统：展览结束后，博物馆会利用展览效果评估系统来收集和分析观众反馈。这个系统可以通过问卷调查、现场采访、在线评论等方式获取观众对展览的评价，包括对展品选择、展示方式、讲解服务等方面的满意度。

3. 服务数字化

（1）线下服务数字化

电子导览系统：电子导览系统是博物馆提升线下观众服务的重要手段。它主要包括手持导览设备和基于移动应用程序（App）的导览服务。手持导览设备通常具有定位功能，当观众走到特定展品前时，设备能够自动识别展品并播放相应的讲解内容，讲解内容可以是语音、视频或图文并茂的形式。例如，在参观古代兵器展览时，观众手持导览设备靠近一件古代宝剑，设备就会播放关于这把宝剑的制作工艺、历史背景、在战争中的作用等内容的语音讲解，同时屏幕上可能会显示宝剑的高清图片和相关文字说明。基于 App 的导览服务则更加灵活，观众可以在参观前下载博物馆的官方 App，在参观过程中通过手机获取导览服务，并且 App 还可以提供更多的功能，如展览地图、个性化推荐等。

多媒体展示设备：博物馆利用多媒体展示设备来丰富观众的参观体验。这些设备包括触摸屏、投影设备、VR 和 AR 设备等。触摸屏可以让观众自主查询藏品信息，如查看藏品的详细介绍、放大高清图像、观看相关视频等。投影设备可以用于营造沉浸式的展览氛围，例如，在展示古代星空图时，通过投影设备将星空图投射到展厅的天花板上，让观众仿佛置身于古代天文学家观测星空的场景中。VR 和 AR 设备则为观众提供了更加身临其境的体验，通过 VR 设备，观众可以“走进”历史场景，如虚拟参观古代宫殿；通过 AR 设备，观众可以看到展品的虚拟复原场景，如在参观古代建筑遗址时，通过 AR 设备看到建筑原本的完整模样。

（2）线上服务数字化

官方网站建设：博物馆官方网站是线上服务的重要窗口。网站内容包括藏品展示、展览介绍、教育活动推广、学术研究成果发布等多个方面。在藏品展示方面，网站会展示藏品的数字化图像和相关信息，有的还会提供 360 度全景展示或虚拟展厅功能。例如，观众可以在博物馆官方网站上浏览到古代书画的高清图像，通过 360 度全景展示功能欣赏古代瓷器的各个角度，或者进入虚拟展厅体验展览的布局和展品陈列。网站还会定期发布展览信息，包括展览的主题、时间、展品亮点等，同时提供线上预约参观服务，方便观众提前安排参观计划。

社交媒体运营：博物馆通过社交媒体平台（如微博、微信、抖音等）与观众进行互动。在社交媒体上，博物馆可以发布藏品的有趣故事、展览的精彩瞬间、教育活动的预告和回顾等内容。

在线教育与研究平台：博物馆构建在线教育与研究平台，为不同受众提供教育和研究服务。在教育方面，平台可以提供各种在线课程，从针对儿童的科普课程到针对专业人士的学术讲座。例如，为小学生开设的古代文明启蒙课程，通过动画、游戏等形式介绍古代文物和历史；为大学生和研究人员提供的学术研讨会；邀请专家学者在线分享最新的研究成果。在研究方面，平台提供藏品数据库的远程访问权限，方便研究人员获取藏品的数字化信息进行学术研究，同时还可以促进不同地区研究人员之间的学术交流和合作。

当前，我国对博物馆数字化的分类问题还没有引起足够的重视，而与之相近的，则是从事博物馆信息编辑工作的河南博物院的武玮，在其论文《国际互联网上的博物馆》中，把世界范围内常用的博物馆网络划分为三种。另外，在《中国文物报》上李文昌发表的一篇“有关数字化博物馆的几个话题”的文章中，也把网络博物馆归类为三类。这两种观点，由于其所涉及的领域、分类依据的不同，所得出的结论也大相径庭。

前者是基于网站的内容，根据内容设计的侧重点不同，将博物馆网站分为：实体博物馆的模仿、信息资料类和真正的“虚拟博物馆”。而后者则是一个比较复杂的类别，并不限于实体博物馆数字工作。运用互联网技术来建设虚拟博物馆，博物馆数字化应包括三个方面：第一，把传统的博物馆通过数字的方式转移到互联网上，让人们不需要亲自去博物馆就能看到它。第二，在网上建一个博物馆，但是没有对应的实体博物馆。第三，通过网络建立的模拟博物馆，比如圆明园。

也有人根据博物馆数字化在功能上的不同侧重，将其分为市场型博物馆数字化和学习型博物馆数字化。二者的差异简单来说就是：前者以提高博物馆的经济价值为目的，以网络推介的方式吸引观众，以寻找与博物馆合作的对象；后者具有丰富的馆藏资源，并将其作为未来馆藏馆的主要运营方向。

根据馆藏及展品类别，可将博物馆数字化划分为历史考古类、工程技术类、生命科学类和地球科学类等。历史考古类展示的是一种文明，例如考古数字博物馆；工程技术类展示的是一种技术，例如船舶博物馆数字化；生命科学类展示的是一种生物，例如蝴蝶、植物博物馆数字化；地球科学类展示的是一种自然现象，如地质博物馆数字化。

从计算机实现技术的角度来看，博物馆数字化大致可以分为以下几个级别：第一种是纯粹的网站式，主要是将图片、文字和音频包括声音解说以及视频等平面媒体进行有机结合，这种形式的博物馆数字化是最常见的，但是其主要功能是对博物馆进行宣传，并发布一些信息资料。第二种是在第一种的网站上，加入了对展览馆和展厅的立体展示，以及对场景的虚拟漫游和立体模拟，这种博物馆数字化具有一定的科技含量，能够让使用者在网络上更好地了解展览馆。第三种则是利用 VR 技术，比如数据头盔、数据手套等，来实现对虚拟漫游和模拟，让参观者有沉浸式的体验。

二、博物馆数字化的功能

1. 文化遗产保护功能

博物馆数字化为藏品的预防性保护提供了前所未有的支持。通过在藏品存放环境中设置各类传感器，如温度传感器、湿度传感器、光照传感器、有害气体传感器等，能够实时、精准地监测环境数据。这些数据被传输到数字化管理系统中，与藏品的材质特性、历史保存状况等信息相结合，进行综合分析。例如，对于纸质文物，系统可以根据环境湿度数据的变化，预测其受潮发霉的风险。如果湿度长时间超过适宜范围，系统会自动发出预警，提示工作人员采取相应的保护措施，如开启除湿设备、调整通风系统等。同样，对于金属文物，光照强度和有害气体浓度的监测数据可以帮助判断其是否面临腐蚀风险，以便及时采取避光、净化空气等保护手段。

数字化技术还能够对藏品自身状态进行长期监测。利用高分辨率图像采集技术，定期对藏品进行拍摄记录，通过图像分析软件对比不同时期的图像，检测藏品的颜色变化、表面磨损、变形等情况。比如，一幅古代绘画，如果其色彩逐渐变淡或出现新的污渍、裂痕，通过图像对比可以及时发现，进而研究变化原因并制定保护方案，可能涉及调整展示环境的光照强度、温度控制或者启动专业的修复程序。

藏品的数字化信息相当于为文化遗产创建了一份珍贵的“数字孪生体”。在面临自然灾害（如地震、火灾、洪水）、人为破坏（如盗窃、意外损坏）或藏品自然老化等情况时，这些数字副本可以完整地保留藏品的原始信息，成为修复工作的重要依据。例如，在某些地区发生地震后，如果博物馆部分藏品受损，数字化的三维模型和图像资料能够为文物修复专家提供受损前的精确形态和细节，帮助他们制定科学合理的修复计划。即使原件无法完全恢复到原始状态，数字版本也能在一定程度上留存文化遗产的信息，供后人研究和欣赏。

数字修复技术更是为受损藏品的修复开辟了新的天地。对于有破损或残缺的文物，如古代陶瓷器上的裂纹、缺失部分，或者书画作品中的污渍、破损处，借助数字图像处理软件和三维建模技术，可以在虚拟环境中进行修复尝试。专家可以利用数字工具模拟不同的修复方法，如尝试不同的色彩填充、纹理匹配来修复书画，或者设计虚拟的补缺部件来完善陶瓷器的外形，通过对比不同方案的视觉效果和合理性，确定最佳的修复方案后再应用于实物修复，大大提高了修复工作的成功率和科学性。

2. 教育与研究功能

博物馆数字化打破了传统博物馆教育的时空限制，极大地拓展了教育受众范围。通过建立官方网站、App 以及社交媒体平台等线上渠道，博物馆的教育资源可以触达全球各地的观众。例如，无论身处偏远山区还是国外的学生、文化爱好者，只要有网络接入，都能访问博物馆的线上教育平台，浏览藏品介绍、观看教育视频、参与虚拟展览等。在线教育课程更是针对不同年龄段和知识层次的受众进行了精心设计。对于小学生，开发了以趣味性为主的动画短片、互动游戏等教育内容，如通过动画讲述文物背后的历史小故事，让孩子们在轻松愉快的氛围中了解历史文化知识；对于中学生和大学生，则提供了更具深度和系统性的专题讲座、线上研讨会等，结合学术研究成果深入剖析文物所反映的历史时期的政治、经济、文化等多方面的特征；对于成人爱好者和专业学习者，博物馆提供了大量的学术研究资料、专业论文库以及专家在线答疑等服务，满足他们深入探究文化遗产的需求。

数字化教育资源还能与学校教育紧密结合。教师可以将博物馆的数字藏品资源、虚拟展览等融入课堂教学中，丰富教学内容和形式。例如，在历史课上，教师可以利用博物馆网站上的古代文物图片和介绍，帮助学生更直观地理解历史事件和文化现象；在美术课上，展示不同风格的艺术作品数字图像，提升学生的艺术鉴赏能力。这种线上线下相结合的教育模式，为学生提供了更加多元化的学习体验，激发了他们对文化遗产的兴趣和热爱。

博物馆数字化为学术研究人员提供了海量的研究资源和便捷的研究工具。数字化的藏品数据库包含了丰富的藏品信息，从基本的名称、年代、材质等元数据，到高分辨率的图像、三维模型，再到详细的考古发掘报告、历史文献引用等，为研究人员提供了全面而深入的研究素材。例如，考古学家可以通过对比不同地区博物馆收藏的同一时期或同一文化类型的文物数字化资料，研究古代文化的传播路径、交流融合情况以及演变规律；文物保护专家可以利用藏品的材质分析数据、保存环境监测数据以及数字修复案例等，探索更先进的文物保护技术和方法。

数字化平台还促进了学术交流与合作。博物馆可以通过线上学术论坛、研讨会等形式，邀请国内外专家学者共同探讨文化遗产研究中的热点和难点问题。研究人员可以在平台上分享自己的研究成果、提出研究问题，与同行进行互动交流、开展合作研究。例如，在研究古代丝绸之路文化交流的课题中，来自不同国家的历史学家、考古学家、艺术史学家等可以通过博物馆的数字化研究平台，共享各自掌握的文物资料、研究发现，共同探讨丝绸之路沿线文化的多元性、贸易往来、宗教传播等重要学术问题，推动相关研究领域的深入发展。

3. 文化传播与社会服务功能

博物馆数字化借助互联网和新媒体技术，使文化传播的速度更快、范围更广。通过社交媒体平台，博物馆可以将藏品故事、展览信息、文化活动等内容以图文、视频、直播等多种形式迅速传播给广大用户。例如，博物馆在微博上发布一条关于某件珍贵文物的有趣故事，配上精美的图片或短视频，可能在短时间内获得数万甚至数十万的点赞、转发和评论，吸引大量原本不了解该文物或博物馆的人关注。抖音等短视频平台上的博物馆官方账号则可以通过制作创意短视频，展示文物的独特魅力或展览的精彩瞬间，吸引更多年轻观众的目光。

虚拟展览和线上互动活动更是让观众能够身临其境地感受文化遗产的魅力。虚拟展览利用三维建模、虚拟现实（VR）、增强现实（AR）等技术，将展览场景和藏品以数字化形式呈现给观众，观众可以通过电脑、手机或 VR 设备随时随地参观展览，仿佛置身于真实的展厅之中。例如，在疫情防控期间，许多博物馆推出的线上虚拟展览，让观众在无法亲临现场的情况下，依然能够欣赏到精彩的展览内容，不仅满足了观众的文化需求，也保持了文化传播的连续性。线上互动活动如文物知识问答、文化创意作品征集等，鼓励观众积极参与，增强了观众与博物馆之间的互动性和黏性，进一步扩大了文化传播的效果。

博物馆数字化在社会服务方面发挥着积极的创新作用。线上预约系统方便了观众参观博物馆，观众可以提前在博物馆官方网站或手机应用程序上选择参观日期、时间以及感兴趣的展览或活动，避免了现场购票和排队等待的烦琐，同时也有助于博物馆合理安排参观人数，优化参观体验。例如，一些热门博物馆在旅游旺季通过线上预约系统控制每日客流量，确保展厅内不会过于拥挤，观众能够有足够的时间和空间欣赏展品。

博物馆数字化还能与社区文化建设紧密结合，为社区居民提供丰富的文化服务。例如，博物馆可以将部分数字藏品资源授权给社区文化中心，用于社区展览、文化讲座或青少年文化教育活动；通过线上平台为社区居民提供文化遗产保护知识培训、文物鉴定咨询等服务，提高社区居民的文化素养和文化遗产保护意识。此外，博物馆数字化还可以为特殊群体提供服务，如开发针对视障人士的语音导览应用程序，通过语音描述和触摸感应技术，让视障人士也能感受文物的魅力，体现了博物馆的社会包容性和服务多样性。

博物馆数字化的功能涵盖了文化遗产保护、教育研究、文化传播和社会服务等多个重要领域，它不仅推动了博物馆自身的现代化发展，也在更广泛的社会文化层面发挥着不可替代的积极作用，为文化的传承与创新注入了新的活力与动力。

第二节　数字化博物馆与传统博物馆对比

一、数字化博物馆与传统博物馆的展示

（一）传统博物馆展示

传统博物馆的展示也就是一般意义上的陈列展览。王宏钧主编的《中国

博物馆学基础》中对陈列的定义：博物馆陈列是在一定的空间内，以文物、标本为基础，配合适当辅助展品、按一定主题、序列和艺术形式组合成的，进行直观教育和传播信息的展品群体。这一定义较为完整和笼统地体现了当代博物馆陈列的理念。

博物馆是一个浓缩了人类文明和智慧的地方。在博物馆里，我们可以从里面的陈列品中，感受到人类历史上所取得的成就，以及对未来所进行的探索。陈列展览对博物馆的性质和类型进行了较为全面的反映，它将博物馆的藏品、科研学术成果、管理工作、现代化手段以及工作人员的素质等多个方面的水平进行了综合的表现，它是博物馆各项业务工作的综合结果，也是一个可以全面衡量博物馆质量好坏、水平高低的重要指标。

陈列展览是博物馆为社会服务、为观众服务的核心环节，是博物馆提供给社会的最主要的一种精神文化产物，博物馆所具有的独特的文化特征和内在的文化价值都要在展览中得到体现，如果没有展览，博物馆就会丧失其最大的特性，沦为收藏品的储藏室。观众通常通过参观一家博物馆的展品来获得对它的第一印象。如果把社会教育看作是博物馆的基本宗旨，那展览馆就是它的教育职能在现实中的体现。展览品质的优劣，不仅关系到观众对博物馆的观赏性，更关系到博物馆的教育功能。

博物馆工作人员在深入研究自然和历史题材的基础上，高度概括所要表现的内容，科学、合理、艺术地将用于表现题材的一件件特定的文物标本和辅助材料组织起来，形成容易被一般人理解和接受的陈列，将自然界和社会历史的发展规律展现出来，将自然科学和历史文化的信息传播出去，将收藏品的展示变成观众与科学、艺术、历史之间的对话，让观众在观看的过程中得到更多的知识和艺术的享受。它还将某种价值观念、文化形态和生活方式传递给了广大的观众，让他们在潜移默化中受到熏陶、教育和影响，拓宽他们的视野，全面提升他们的科学和文化素质。

1. 展示空间

陈列展览离不开一定的空间，其是在某一场所中起着功能的，将展品摆放在实体空间中，观众在实体空间中进行欣赏与学习，通常将其称为展厅或陈列室。陈列空间的规模和布局决定了陈列的整体形式，是陈列展览的首要因素。

2. 展品

在展示活动中起着传媒功能的一切物件，都属于展品，包括实物藏品及辅助信息材料。具体来说，主要是指“真品”的实物、副本、模型、照片、图像材料、声音材料、图片材料、音频材料、文字材料、图解材料和解说材料等。展品是向观众传递展示设计意图与理念的信息媒介，它们在展示过程中各有其自身的价值与功能。

3. 设备

与陈列展览有关的设备主要有：天花板、地板、展壁、展柜、展台、展架，板面、内照式板面、复合式板面、模型、布景箱、音响、影视幻灯，以及面照明、点照明、调光闪烁等灯光照明设备。它们是展品陈列的载体，是利用陈列语言将展品组合起来，构建陈列形象的重要材料，而陈列语言的使用以及展示效果的最终表现，都需要与设备和道具配合。

4. 展示技术

展示技术是确保展品能被更好地展示的方法。博物馆的展示技术，是由多学科技术手段的综合运用组成。其专业领域包括：建筑、设计、照明、颜色、视听器械、绘图、摄影、金工、木工、石工、机械、电气、空调、保存科学等。只有运用这些理论与技术，才能将陈列展示变为现实。

（二）数字化博物馆展示

数字化博物馆的展示，并不是以网页形式进行简单展示，它与将实体博物馆的陈列展览数字化成照片、影像后搬到网络上进行展示不同，它也不是按照最初级的分类方法，将藏品数据库中的所有藏品信息罗列出来。它是将数字化藏品信息经过筛选和有机组织后，利用数字化展示技术形成的一种信息群的呈现，也应该按照一定的主题、序列和艺术形式进行组合，具有直观教育、传播文化科学信息和提供审美欣赏的功能。与传统博物馆相比，虚拟展厅是以计算机、互联网为主要的展示平台；与实物展览相比，虚拟形象作为一种新的信息载体，是一种对观众进行知识传达的方法；与传统博物馆相比，数字化博物馆利用多媒体、VR 等手段来表达馆内的信息与主题。

数字化博物馆的展示对于传统博物馆而言，具有与传统博物馆同等的重要意义，是其发挥教育与服务职能的重要途径。在数字化博物馆中，可以为观众提供无穷无尽的收藏品信息资源，可以让观众任意地进行检索、查询、调用。有些人认为，对于特别设计的主题性质或其他类型的数字化展示，似乎已经没有必要了。但是，这只能满足那些拥有一定专业知识的研究型观众的研究与学习需求。不管是传统博物馆，还是数字化博物馆，都是面向大众的，大部分人都不了解一些历史、文化、科学等方面的知识，他们来博物馆的主要目的并不是获取特定的收藏品（信息），而是为了学习、参观、放松，然而，当他们看到数字化博物馆按照最基本的类别“展示”出来的海量收藏品时，就像是进入了一间“库房”，里面堆满了“藏品”，在这种情况下，他们只会盲目地去看，而不会得到博物馆应有的“惊喜”。观众需要有经验有见识的专家来以特定的方法来“导览”他们，而最佳的方法就是以数字的形式来呈现这些信息。在综合考虑、分析观众的关注点、兴趣和知识水平的基础上，选择一个或多个适当的主题和展示形式，将藏品信息有机地组织起来，构成展示，向观众传递一段历史、一门科学、一个观念、一种价值观等，或者集中展示某一件文物、标本，只有这样，观众才会产生浓厚的兴趣，充分发挥数字化博物馆的信息传播和教育服务的功能。

三、数字化博物馆与传统博物馆的内容设计

不管是什么形式的博物馆，内容设计都是非常重要的一环。博物馆以传达信息为最终目标，而内容则是其发挥作用、吸引观众的根本，亦是唤起观众到访的动力之所在。在要传播哪些信息、为谁传播信息、如何组织展品进行传播等问题上，都要有一个清晰、明确的定位和构思，也就是要对内容进行设计，最后以计划书的形式将其编制成文，以此来指导各项工作。内容设计是馆藏陈列工作的先决条件，也是馆藏陈列工作的基础。在一定程度上，决定博物馆展示水平的第一要素就是展览的内容设计。

（一）传统博物馆内容设计的基本理论

传统博物馆的内容设计包含了展览主旨的确立、展览结构的组织、作业的制定和实施，上述的构想都需要用文字的方式表达，并在展览主题设计书和展览结构书中有所体现。内容设计是一种通过文本与实物相结合而形成的创造性的行为，它包含了多种设计元素，必须一环扣一环地进行。

1. 确定主题

对于任何一个展览，在进行内容设计时，都要先确定好主题，并且要清楚地表明这个展览的目标，也就是要让观众看到什么，了解什么，或者是要对观众产生什么影响。主要面向哪些观众？这就是我们所要进行内容设计的基础。没有主题，就没有所谓的设计。主题的选择是展览内容设计中最基础的因素。在《陈列内容设计的基本要素及其规则》中，周筠对确定主题的原则作了较为详尽的概括。第一，符合本馆的特点。各博物馆种类繁多，各博物馆所选择的展览主题，必须符合其自身的特点，并能在其业务许可下加以扩展。它不仅可以树立良好的公众形象，增加可信度，还可以充分利用自身的专业优势，为保证展示质量提供有力的保障。第二，对社会有好处。博物馆应该为社会提供文明健康的精神食粮，它的展览选题要弘扬时代主旋律，提倡积极向上的人生观、价值观，宣传新思想、新道德新风尚，同时也要满足观众求知审美的多方面需求。第三，具有一定的受众群体。任何一种精神产品，都应该有最基本的受众群体，他们在情感、阅历和品味方面，可以与作品进行交流，他们就是作品忠实的欣赏者和传扬者，从而使作品与社会融合，并产生其所需要的效果。第四，展品充足。博物馆的展览以展品为主，展览的内容设计是为展品而设计的。因此，有足够多的展品，尤其是有实体的展品，是确定展览主题的必要条件。

博物馆陈列的主题有很大的局限性，选择面狭窄，类型单一，这要求内容设计要有开阔的思维，产，设计者要有敏锐的洞察力，且要善于从普通的素材中挖掘主题。

2. 确立框架结构

在确定了主题之后，要进一步确定设计的思路，找出最好的视角和切入点，并思考如何实现该主题，如何将内容具体地表现出来，这就要求对展览的框架结构进行设计。框架结构的设计是实现展览主题最重要的一步，它表明了我们将从哪些方面对展览主题展开阐述，以及在这个框架中每一方面的意义、地位、层次及其相互之间的联系。

构架的确定要依据展览的内容及需要，把各种主题及子专题，按一定的逻辑关系及次序安排好。它既是展示方针的具体表现，又是主题和展示目标的具体表现，更是展示活动所依据的纲领。框架要体现展览的目标和要求，所以，要让框架中的每个部分都与主题相一致，让人们一眼就能看出这一部分要表达的是整个展示体系中的哪个问题，以及与其他部分之间有什么联系。要做好这个工作，就必须对所包含的每个主题进行精确的组织。在这个框架中，每个主题都不应当是相互隔离、随意排列的，而应当是一个整体，它们之间存在着内在的联系。也就是每一个主题都要以整体为出发点，把主题结合在一起，形成一个完整的展示结构。所设计的展览框架，应符合展览的性质、使命与原则；确定每一个主题和分题在总体展示系统中所占的比例和地位，要突出占主导地位的主题。

在进行框架设计时，我们需要考虑的是，这种框架方式能否完全传达出展览的主旨？在这个主题上有没有一个清晰的主线和层次？能否准确、快速地向观众传递展览的主旨？

3. 展品组织

展品组织，是指按照一定的结构对展品进行筛选，并将各种展品有机地结合起来。在展示过程中起媒介作用的一切物件，都属于展品范围。

首先，我们要从馆藏中筛选出能够表现展览主题的文物和标本，并将其合理地安排在相关的主题和各个层面上，这实际上就是一个将收藏品变成展品的过程。藏品选择的合适与否，对展示的质量，对主题思想的表达有着重要的影响。由于实物是博物馆教育的认识客体，观众到博物馆接受知识主要是通过观察实物。这不仅需要对展览的主题思想和主题结构有足够的认识，而且还需要对馆藏的藏品有足够的认识。为确保展示内容的真实性、适用性和典型性，所选素材要满足主题表述的需要，也就是要切题，而且要从众多展品中挑选出最能体现展览主题的展品，要有很强的表述能力。对所选取的实物收藏品，也要依据其内在本质、价值和表现能力，来决定其在展览中的地位和作用。

在展览过程中，也经常使用一些非实物展示材料，这些物质被称为辅助材料，有助于参观者对实物的了解和对展览主题的理解。在制作辅助材料时，一定要与实物相结合，要忠实地服从于展览的主题和实物展品的表述，不一定要完全按照历史的或科学的真实来做，要能够很好地说明问题，要有漂亮的造型，要对其数量进行严格控制，不要让它喧宾夺主。科学辅助产品的生产，都需要内容设计者提供科学而准确的依据。比如，做一个古代的科技模型，就需要查阅很多古代的科学书籍、人物传记等相关资料。通过研究，才能把制造过程中所需要的各项参数，以及具体的结构说出来。

最后，要把实物展品和辅助展品有机地结合起来，使其成为一个能够体现展览主题的整体。在馆藏展览中，每个展品并非独立的个体，而是与其他展览品、单元和群落之间相互联系。在展览中，所有的展品组成展览整体，各个部分、单元组，甚至每一个点都是大、中、小的文物组合。展品搭配的优劣，直接关系到展览的质量。所以，内容设计者应该对展品之间的关系进行研究，对它们进行合理的组合和分类，使它们能够更好地表达出所展示的内容或主题。

4. 文字说明的编写

本书引用了王宏钧先生《中国博物馆学基础》一书中有关这一点的论述与解释。

文字说明可以划分为以下三种：一是大、小标题（单元标题、群组标题，还需分组标题等）；二是单元说明、组说明，有时也要小组说明（或者展品组合说明）；三是展品说明。大体来说，展品说明分为三种：第一种是对展品的科学性质进行简单的介绍，数量很多。主要内容有：名称、年代、出土或采集的年代、地点、来源等。对于借用展品或调拨赠品，也要标明原来收藏的单位。第二种为知识性说明，向观众介绍与展品相关的知识。第三种是揭示性说明，其重点在于展品中所包含的社会属性和与展览主题之间的关系。

展览中的展品必须有相应的说明。适当的解说不仅不会影响观众对展品的认识，反而会通过解说来加深观众对展品的认识。但是，解说词的编制要简洁、准确、容易理解，避免长篇大论，使解说词变得简洁，这也是观众和博物馆的共同愿望。

（二）博物馆数字化内容设计的目标和任务

在博物馆数字化的展览中，内容设计是必不可少的一环。其以博物馆数字化计算机和网络等为基础，通过对现有的或可收集的数字化信息资源进行研究，全面理解、把握其内容，结合观众的浏览、学习需求，明确其展示主题，选取适合其表现主题的信息资源，并综合考量其可达到的技术与效果。

在数字产品的表现中，内容设计起着至关重要的作用，决定着什么信息应该被传达给受众和怎样去传达。一个成功的内容设计应该是在满足观众对知识的渴求的前提下，还应该拥有自己的特色。这样就可以显示出数字博物馆展示的特点和优势，让它的教育、服务、娱乐功能得以发挥，让观众体会到数字化展示为自己的学习、生活、休闲带来的收获和快乐。

四、数字化博物馆与传统博物馆内容设计的对比

（一）数字化博物馆与传统博物馆展示特点的对比

1. 展示载体的对比

无论是传统博物馆的展示，还是数字化博物馆展示，都离不开一个作为其存在的基础和表现的平台的载体。很明显，一个传统博物馆的巨大建筑和它里面宽阔的实体空间，就是实体展示的载体，展品、设备、陈列设施以及其他与展览有关的实体元素，都必须被放置在这个空间里，经过组合和搭配，才能向观众展示一系列展品，同时，观众也必须进入这个实体展示空间，才能进行参观、学习和交流。与传统博物馆巨大而开放的实体展厅相比，博物馆数字化的展厅要简洁得多，只需要一台配置完善的计算机软硬件系统就可以了。通过多媒体和虚拟现实等多种数字展示技术的综合应用，在计算机平台上进行集中和丰富的展示。尽管在外形上，它比不上真正的博物馆陈展大厅，但在展览空间上，它的表现并不比普通的博物馆差多少。与传统博物馆的静态、固定和有限的实体空间相比，数字化博物馆的自由和开放性更强。它不受传统建筑条件

的限制，不需要占据很大的展览场地，只需要用计算机与网络相连，就可以向全世界的观众开放一个巨大的、无穷无尽的数字存储空间和信息展示界面。通过屏幕的画面，观众就“走进”了这个数字化博物馆的展示空间，并在其中轻松快捷地获得自己想要的文化信息。

展示载体的不同，可以说是数字化博物馆与传统博物馆之间的根本区别。载体的不同，使得两者在展示方式、信息载体、展示手段、表现手法以及传播途径等许多方面都呈现出了自己的独特之处。并且也让我们更好地认识到了数字化博物馆在展示方面的独特性和优势。

2. 展示方式的对比

根据展示载体的不同，数字化博物馆与传统博物馆在展示形式上存在显著的区别。如前所述，传统博物馆的展览是实体展品在实体空间中的展示。博物馆利用丰富的文物标本、模型等实物材料，通过不同的渠道，将信息传递给观众。实物藏品是以展柜、展台、灯箱等一系列的陈列设施为基础，展现出来的是最原始的物质存在形式。博物馆可以用恰当的组合方式，或者用其他的展示方式，将藏品真实地展现在观众面前。观众亲身来到现场，与实物展品处于同一个时间和空间，真切地感受到了文物、标本、艺术品等各类收藏品中所蕴含的知识内涵，以及所释放出来的浓郁的文化气息。

传统博物馆独特的直观展示方式非常生动，并且有很强的感染力。无论是从人体的生理机理还是认知过程来看，都会让观众有一种亲切感，更易接受和理解，可以得到具体的、深刻的印象，帮助提升记忆效果，推动观众的思维和认识。在现代化的博物馆中，尤其是一些设施先进的博物馆中，会有很多先进的教育手段，这些手段可以让观众不仅可以用眼睛看、耳朵听，而且还可以触摸，可以亲自试验和操作，进而对展品进行全面的了解。虽然传统博物馆直观的、大众化的展示形式能够满足观众的感官好奇心，但是由于受到空间、可展出的藏品资源、技术手段、资金等诸多客观因素的影响与限制，还是不可避免地存在着一些不足之处。比如，因为场馆的面积和可展出的藏品的数量都是有限制的，而且大部分的实物藏品都具有不可再生性和非复本性，在通常情况下，它们不方便移动，因此，展览的主题性质和内容都是比较固定和单一的，它们只能满足一些具有特定参观目的、具有某种兴趣爱好或专业背景的一种或少数几种人群的文化需求，因此，它们所提供的服务比较有针对性，不能满足每个人的需求。再比如，传统博物馆的陈列展示，基本是在对展示的内容、空间的布局以及艺术表现效果等因素进行全面考量之后，所进行的一种综合性的设计，它有着相对固定的参观顺序和路线安排。一方面，它能够对观众的有序参观学习产生积极的影响。另一方面，这种有条不紊的线性信息组织模式，也对观众自身的游览自由造成了一定的影响。单向框架式的信息传递让观众进入博物馆之后，就进入了一种被牵引的被动的参观状态，从而对观众学习和交流的主动性产生了一定的影响。另外，尽管传统博物馆的实物展览可以很好地满足观众对于文化的感官需要，但是由于它们自身的宝贵价值以及自身的特殊性，它们在展览时往往会受到特殊的展示方式，比如将文物密封在一个玻璃展柜里，将标本远远地散布在生态景观中，这就无形中加大了展品与观众之间的距离，难免会给观众带来一些遗憾。

数字化博物馆是以计算机作为展示载体的，馆藏资源的数字化展示全部都是在一个信息显示界面进行，观众可以独自坐在计算机前，以一个纯粹的观赏者的身份来“参观”数字化博物馆，并浏览与馆藏有关的影像资料。相对于传统的博物馆，数字化博物馆展示不设展室，不设实物，不设展板、展柜等设备，全部由计算机的荧屏、立体声来呈现。也许，这种间接的展示方式，不能让观众体验到亲眼见到实物展品的真实感受，在质感、味觉、机体运动觉、环境投入感（临场感）和文化气氛享受等短距离的或综合性的感觉信息方面，存在着一定的不足之处，但是它在其他方面弥补了传统博物馆陈列展示方式存在的缺陷和不足，将数字化展示的特性和优势充分展现了出来。

除了少部分采用了动态的方式，传统博物馆的展示大多是一种单向的、静止的展览方式，缺少了“活”的氛围与感觉。通过综合运用各种数字化技术，博物馆数字化展示实现了数字化藏品信息在电脑屏幕上的全息一体化呈现，融合了图、文、声、像等多种表达方式，再加上模拟的虚拟现实环境的渲染，提高了藏品信息的表现力，给观众带来了强烈的视觉冲击。由于多种因素的影响，整个展览的氛围也随之活跃了起来，展览的内容与观众的距离也随之缩短，由原来的“遥不可及”变得触手可及，只需轻点鼠标，就可以从多个角度，或放大或缩小地浏览网页，从而获得最好的观赏与学习效果。展示变得更具灵活性，与观众的交互性显著增强，并且观众之间也可以通过创建网络连接来进行讨论和相互互动。

以展示空间的无限延展性为基础，数字化展示从传统博物馆陈列展览内容上的单一状态中解脱出来，不再局限于将某一类观众群体作为其主要服务对象，其丰富的藏品资源和主题内容的设计能够分别满足不同类型观众群体的文化需求。数字化的陈列方式将不会再受限于建筑物和其他条件，不会再以直线的方式进行陈列，也不会再拘泥于单一的参观路线，而是以一种直观的网状方式进行信息的传递，网页上的多元化链接使得观众可以在网页之间随意切换，可以根据自己的喜好来挑选自己喜欢的藏品信息、主题版块和互动方式，“参观路线”的设置也具有完全的自由。

从在实体空间中进行的现场实物展示，到在计算机屏幕上进行视觉形式的信息展示，各种展示方式和特征都会给观众带来不同的参观体验与感受，这也为各类博物馆的展示设计者们提供了一些可以进行深度思考的空间。

3. 信息载体的对比

在博物馆里，信息是最重要的。不管是什么形式的博物馆，其目的都是要把社会历史、自然科学、艺术人文等相关的信息，更好地传达给观众。信息是以多种形式存在的，并被人所认知、把握。实物是传统博物馆赖以生存的物质基础，它承载着人类活动、自然变化的种种信息，是历史的真实见证人，也是传统博物馆最重要的信息载体，是最重要的展示媒介。

实物也就是原本真实的物品，它是一种占据一定空间的实体物，在它的身上，凝结了对人们认识世界有帮助的最有价值的信息，这些信息包括了由于其自身三维空间的存在形式而呈现出的具象形态、材料、质地等信息，以及这些信息背后所蕴含的抽象的知识内涵。传统博物馆的展览目的，就是让观众通过实物这个特定的载体（在需要的时候，可以借助适当的辅助解说手段），从不同的角度和层次，读取到与自己或某个事件、某个学科、某段历史等有关的各个方面的信息。

博物馆数字化是将馆藏的一切有关的信息以数字化的方式进行存储和管理，从而构成一个数字的馆藏资源，并将其以数字化的形式进行综合展示。信息的载体将传统博物馆的实物藏品，变成了电脑磁性介质上的电磁信号，用图、文、声、像等多种形式来展现，让观众可以通过视觉和听觉去感受信息。

信息资源的数字化技术包括二维数字化技术，动态图像的数字化技术，三维数字化技术等。2D 数字处理技术是对 2D 信息对象，如文字和静态图像的处理。文字资料的数字化有两种，一种是手动输入，另一种是数字识别。静止图像的数字处理通常是利用摄影技术来处理，拍照可使用传统的胶片，再将其扫描到电脑中；还可以利用数码相机直接进行摄像，获得数码影像。动态图像的数字化技术可以分为两种，一种是直接数字化，另一种是间接数字化。前者是利用数字视频编码器，直接将图像数字化后输入计算机中，后者则是先用摄录设备将图像记录下来，之后再数字化或捕获数据。三维数字化技术是一种能够将物体的三维信息显示在用户面前的技术，其实现方法主要有：测量法、基于图像的建模法和基于三维扫描仪的方法。利用三维扫描仪来获得信息对象的三维信息，是最为有效的方法，可以快速、准确地构建出一个完整的三维模型，以满足数字化博物馆对精度要求较高的应用场合的需求。

与数字化博物馆的信息不同，传统博物馆中的信息已经完全被凝固在数量有限的实物展品中，可以利用有限的辅助表达方式来进行传播，数字化博物馆可以利用各种不同的数字化载体形式来最大程度地、最全面地展示各类信息。数字化的信息载体，为大规模的信息传播，远距离的参观交流，缩短展示制作的时间，创造了更多的便利条件。以更大容量和更丰富内容的信息展示方式，从传统的以实物展品为主的“实物导向”走向“信息导向”，并在此基础上，为公众提供基于信息的文化教育服务。

4. 展示手段的对比

在传统博物馆中，展览在呈现方式上通常可以划分为两类：一类是以文字、语言等解说说明为辅助的单体实物展示，既有静态展示，也有动态展示；另一类是展示语言的应用，这也是最理想的，也是最典型的，最能反映出物理博物馆的教学特色。

在通常情况下，展示语言的使用指的是将现实物品进行组合，将实物与辅助材料进行搭配，并与人造的模型或景观进行组合，从而在一定的空间中，构建出一种特定的形象系统。这个系统拥有自我表达的能力，不需要借助任何解说就可以让观众了解到信息载体自身所携带的信息及其相互之间的关系，从而能够读懂整个组合所要阐释的内容、表现的主题含义和传达的思想意境。

数字化博物馆的展示以数字化展示技术为主，具体内容有：文字、图片、超文本链接相互组合、叠加的二维静态展示技术，流媒体音视频、Flash 动画等动态方式的多媒体交互展示技术和 VR 技术等。将多种技术手段有机地组合在一起，让观众可以比较完整地认识到这些藏品所反映的自然科学和历史文化的信息，并可以使用逼真的、数字化的藏品三维模型，从多角度对这些藏品进行细致的观察。

5. 传播途径的对比

数字化博物馆与传统博物馆之间的传播途径有着很大的不同。在传统博物馆中，展览是在展厅中进行的，信息的交流和传播都是在实体空间中进行的，观众需要亲自到博物馆进行现场的参观，才能吸收知识，接受文化的熏陶。在传统博物馆里，观众可以通过视觉、听觉、触觉等多个感觉器官来直接感受真正的收藏品，通过大脑来生成信息，从而对文物标本和艺术品进行认知，获得更多的知识，提高自己的情感。在展厅这样一个真正的活动空间中，人们可以感知事物，接收信息，产生浓厚的兴趣和深刻的印象，从而达到高效的信息传递。

数字化博物馆是将计算机作为硬件的载体，将互联网作为信息的传播通道，尽管不能让观众真正地感受到是在传统博物馆中，由实物、辅助材料、建筑物等组成的现场展出所带来的神奇快感，但是它能够利用互联网这一传播方式的强大威力，在时间、空间等方面，极大地弥补了传统博物馆在信息传播方面存在的缺陷，从而显示出其特有的优势和魅力，实现了高效、便捷的信息交换与传播。

数字化博物馆首先突破了空间和时间的局限，观众要想进入传统博物馆，就必须进入真实的展厅，通过现场参观获得知识。而在数字化博物馆中，信息的传递完全没有地域上的限制。在互联网的帮助下，只需要点击一下鼠标，就可以进入任何一家博物馆。

数字化博物馆没有时间的约束。传统博物馆一般都有固定的开放时间和闭馆时间，观众只能在指定的开放时间进入。尽管有些博物馆为了提升服务品质，采取延长开放时间、节假日不休息等方法，但是这依然是一种面向观众的“开馆能看，闭馆不能看”的方式，在某种程度上，对观众的访问自由造成了一定的制约。在网络的帮助下，数字化博物馆不再有开、闭馆时间的概念，它打破了访问时间的限制，24 小时全天开放，全年不闭馆。只要有一台能上网的电脑，观众就能在任何时候进入，不用担心时间不够，也不用担心一次能不能将所有的东西都看完，无论早上、白天还是晚上，他们都可以进入。

网络的信息传播方式，使数字化博物馆具有良好的开放资源特性，消除了时间和空间所带来的障碍。实时、长距离、全球、大范围的信息传送，使全世界的观众可以灵活、快速地观看展览，获得知识，访问人类文明的资源宝库。

6. 信息资源利用的对比

无论是在传统博物馆的陈列展览，还是在数字化博物馆的数字化展示中，可利用的实物藏品或数字化藏品资源越多，其中传递出的信息就越多，对主题的表达就会越充分，观众在展示中受到的文化熏陶越浓厚、收获的知识越丰富，博物馆的教育功能和社会效益就会得到越大的发挥。

相对于传统博物馆，数字化博物馆可以提供更广泛、更丰富的展览资源。传统博物馆由于受到展览空间建筑规模的制约，所能展示的收藏品非常有限，从而影响了部分收藏品的利用，因此，馆藏的展览总量与建筑空间的矛盾始终是一个难题。尽管陈列展览水平并不能简单地通过藏品的展出数量来确定，但是，可展出的藏品越多，就意味着可供选择使用的藏品也就越多，从而可以从更多的角度和层次去诠释主题，使展示更加丰富，为观众提供多一些欣赏角度。而在数字化博物馆中，对数字收藏品的使用就不存在这个问题了。它以电脑与互联网为基础，构建出一片无边无际的数字展览空间，可以根据展览的要求，将所有的数字藏品都放入其中，而不用担心“放置不下”的问题，可以更好地发挥资源的作用。

收藏品的生命周期受环境因素的影响。传统博物馆除了在空间上对藏品的利用产生了一定的限制外，其实藏品本身的存在状况以及对存放环境的苛刻要求也在一定程度上影响着藏品资源的充分利用。一些收藏品由于时间太长，已经非常脆弱，很容易被损坏，温度、湿度、光线等指标稍微不合适，就会被损坏，因此，这些收藏品的保存条件非常严格，不能进入展厅，也不能在普通的环境中陈置；部分文物由于经常陈列，容易被大自然的风吹雨打、人为的损害，不宜长时间展出；有的因为体积过大，分量过重，形状不规则，使展品的运输和移动很不便，这就导致了它们在陈列的时候很难被考虑；也有一些很有价值的收藏品，因为这些收藏品的特殊背景和特殊的文化价值，这些收藏品一般都不会拿出来展览。由于各种原因，在传统博物馆中，有一大批实物藏品，在很长一段时间内，很难找到它们的身影，这就造成了物品的收藏与使用之间的矛盾。

数字藏品的数字化呈现方式为上述问题提供了可能。数字化博物馆将仓库、展厅中的可移动文物、古建筑、遗迹、历史遗存等非移动文物进行数字化，可以用图片、文字、声音、图像等方式展示，不需要考虑藏品的保存状况，也不需要考虑藏品的具体尺寸，珍贵的藏品仍然有价值，但已经不需要再像以前那样严格按照“珍贵”的标准来处理，而是可以用图片、视频的方式来展示，许多珍藏已久的收藏品，通过高科技的方式，被送到了世界的每一个角落，一些容易损坏的珍贵物品，也可以被公开展示给大家。数字化展览消除了传统博物馆对藏品使用过程中存在的许多障碍和局限，有效地解决了藏与用的矛盾，馆内所有的一切都可以对国内外的观众开放，可以对他们进行任何形式的展示，从而最大限度地发挥数字信息资源的作用。

此外，数字化处理技术的应用还能帮助还原残缺不全的文物或标本的全貌，使这些实物资料有机会以完整的样貌与观众见面，并在合适的展示主题内容中得到恰当运用。同时，数字化博物馆利用数字化的技术，极大地减少了数字文物的内部处理时间。

一个博物馆数字化的展览资源终究是有限的，但是，在网络的传播下，通过对馆际资源的相互调用，就能够将其他博物馆数字化系统中的资源转化为自己可利用的资源，从而增加可利用的藏品资源的范围和数量，而这一点在传统博物馆中是比较难做到的。有些文化现象和观点的“实物”难以在传统博物馆中展现，但数字化博物馆中的数字信息载体可以将其转化为数字资源，并将其作为展览的一部分。

当可利用的资源从以往的展品量扩展到全部的藏品总数时，与传统博物馆相比，数字化博物馆的藏品信息利用率有了显著的提升，资源的范围和数量的绝对值也有了实质性的扩展和增长。对资源的扩充和丰富，不但给数字化展示带来了更大的素材空间，也让数字藏品在展示过程中，能够更好地体现出自己的价值，进而可以更好地满足观众多层次、多样化的文化需要。

7. 服务对象的对比

博物馆的目标是观众。通过展览，实现了对观众的宣传，并为他们提供了精神上的文化服务。观众的特性对博物馆的各项工作、功能与其他活动都有很大的影响。了解和熟悉观众群体，为观众提供最好的服务，这是博物馆工作的基本目标。博物馆的观众构成非常广泛，有不同民族、肤色、国籍、年龄、职业、性别、文化背景、欣赏水平、知识积累、兴趣爱好的任何个人或团体。

传统博物馆是一种与观众面对面的直接服务，尽管每个传统博物馆都是对全社会开放的，但是相对固定的时间和空间传播模式，形成了以其所处地域或附近地区的观众为主要服务对象的群体，而且有时候还会受其所处地域的地理、季节等因素的影响，所能涵盖的观众范围和人数都非常有限，这在客观上限制了一些受众的自由、便利的访问。

数字化博物馆以互联网为展示和传播通道，面向全社会，它的受众人数众多，具有挖掘的潜力。数字化博物馆的观众来自世界上的任何一个角落，他们可以是教师，可以是学生，可以是科研人员，也可以是普通人群，他们都是数字化博物馆的潜在观众。由于身体条件、地理位置、资金等因素的限制，很多观众无法亲自来到传统博物馆，而数字化博物馆又给他们带来了便利与可能。数字化博物馆是以互联网为媒介，直接为观众提供信息，从根本上改变了传统博物馆的服务方式。观众可以借助电脑、手机等工具，在网络上随意挑选自己想要观看的展览，这也是一个很大的优势，可以吸引更多的观众。

数字化博物馆能够同时为不同地区的观众提供服务，没有规定的时间和数量，任何人都可以平等地参观。在展示和传播上，由于其良好的开放性，所带来的观众的范围和数量的扩大和多样性的增加，这不仅为数字化博物馆的发展开辟了新的道路，也给数字化的展示设计提出了更高的要求。

（二）数字化博物馆与传统博物馆展示内容设计方法的对比

1. 主题选择与组织的对比

主题展示是传统博物馆（除了遗址类、古建筑类等特殊形式）的一种展示形式。数字化博物馆的数字化展示通常也是以主题展示为主要内容的。在这些展示中，利用 VR 技术呈现出来的虚拟时空展示，虽然它会给观众带来一种独特新奇的参观体验，吸引观众的目光，甚至会让观众在某种程度上忽视掉对展示内容本身的关注。但是，细究其内容——除了一种类型是以还原为主要类型，具体包含了对遗址博物馆等进行的数字化还原展示，以及对该博物馆数字化所依托的传统博物馆内部陈列展览（有时附带外部环境）的完全还原性展示，这一种展示不需要进行内容设计，只要达到复原原貌的效果即可。另外一种是没有实体建筑、陈展作为依托，完全是用数字化信息资源虚拟出的虚拟博物馆，其内容必需由内容设计者通过对数字藏品信息的了解和把握进行设计、创作，这样的设计，又回归到了在传统博物馆物理空间中进行的陈列内容设计，空间仍然是立体的、可向四面八方延伸的，只不过是虚拟的，藏品仍然可陈列于空间之中，只不过是数字形态的。因此，它采用的是一种主题性的展示方法，就像传统博物馆那样。所以，无论是传统博物馆还是数字化博物馆，展览都是以主题展览为主的。主题性的选取与组织是主题性陈列设计中的第一个步骤，它是一个值得讨论并有一定参考价值的课题。

在上文中对传统博物馆陈列展览主题的选择进行了阐述，应该将博物馆的内部和外部因素进行全面考虑，其中包括了是否有充足的展品，尤其是实物藏品，博物馆自身的性质与任务、办馆方针、基本群众构成和他们的需求，展览的社会影响和社会效益，展览空间设计、藏品数量和保护、人力以及时间成本等。通过对这些因素进行全面地分析和研究，并进行多方面的思考，最终选出了唯一具有可行性的方案。上述规定一方面是确保展览品质的一个重要原则，另一方面，由于客观条件的限制，在某种程度上也限制了主题的自由度，从而限制了主题的范围。比如，许多收藏品被深埋在库房中，无法用于展览，为避免影响主题的充分表现，就有可能舍弃某些有更大意义的主题。因为展会场地的局限性，通常情况下，我们只会将一个主题展览当作一个比较稳定的永久展出，这也就造成了我们在选择主题的时候，必须将其定位在仅能满足一种主流观众的偏好和关切上，难以满足不同观众的个性化需求。

与传统博物馆相比，数字化博物馆凭借其特有的展览环境，在主题上有了较大的突破。所有的数字藏品都有，所有的内容都可以用来展示，再加上馆际间的互借，以及各种辅助信息与相关链接，可以说“足够丰富”，基本上可以满足任何一个主题的需求，也就是说，在这个过程中，博物馆不用再为“展品”的数量发愁了，所有的内容都可以被有机地结合在一起展现出来。除此之外，利用互联网带来的方便条件以及数字化展示技术，数字化展示平台可以实现对主题展示的随时添加、更新。这样，就可以把最新的学术研究成果、社会关注的热点和焦点问题等具有较强时效性的内容纳入主题选择中，从而让观众更好地理解科学前沿信息，掌握时代的脉搏。

同时，由于数字化平台提供了无限的展示空间，使其不会像传统博物馆那样，只能提供一次大规模的主题展览。在此可提供多个不同主题的展示，以及由多个小主题组成的大型主题展示。同样的主题，也可以根据目标观众的差异，从不同的学科层次、观点认识、理解层次等方面来构建一个框架，设计出多个不同的展示版本，以满足各种观众的需求。比如，在“花的世界”这个主题下，设计师可以用一种简单而又生动的方式，从自然科学的角度，向年轻的观众普及一些花卉的知识，开拓他们的眼界，增长他们的见识。

数字化博物馆的展示特征，造就了其主题选择的自由性和组织方式的多样性，使得其完全有条件去实现可以满足不同观众的各类型主题展示。与此同时，面对由于传播途径的开放化和丰富的数字展示方式所带来的范围越来越大、数量越来越多且越来越多样化的观众，数字化博物馆也应在主题选择、制定环节中充分发挥自己的优势，以满足观众需要。

所以，这就需要展示的内容设计者，在不断充实和深化自己的知识体系结构的同时，要更多地关注观众的特点和需求，了解并掌握观众的主要精神文化需求及其变化，对社会、科学领域中的新事物和新问题保持敏感，主动对其进行捕捉和分析，尽量挖掘出藏品之间的相互关系和共性，通过不断的思考，提炼出更多的主题，充分发挥数字平台和资源的优势，创作出让更多群众满意、受益的丰富多彩的展示作品。

1. 思维方式的对比

在确定了展览主题之后，如何去表达主题和藏品，如何去构建展览的框架，以及之后的许多相关问题，都与思维方式有关。无论是在传统或数字化博物馆中，在内容设计中所使用的思维模式，都是以逻辑思维和形象思维为主。这两个概念并不存在先后次序，而是在设计者的设计理念中同时使用。应用逻辑思维的目的是确保展示信息的科学性、合理性，使展示内容与自然科学、社会历史的基本规律相一致，在这方面，传统博物馆与数字化博物馆的展示设计并无区别。

但是，仅从逻辑思维角度来思考和构建纯粹的逻辑组合是远远不够的，无论是陈列还是数字展示，都需要在物理空间或者数字空间中，利用物理空间或者数字空间中的实体或者数字资源，以一种形式将信息内涵展现给观众，不应该只是一个简单的实物或者数字信息载体的“集合”，而应是一个承载着抽象含义的信息载体，它自身也以一种形式存在，并且在物理空间或者数字空间中具有客观性的地位。所以，无论是传统博物馆还是数字化博物馆，在进行内容设计的时候，都要通过各种展示手段和表现手法在空间中将可能出现的形态特征以及信息内涵融入设计理念中。只有将逻辑思维与形象思维结合起来，才能根据不同展示环境的特征，设计出符合科学规律的展示。

在传统博物馆展示中，展示内容设计者的形象思维在两个方面得到了广泛的应用。一方面，当设计师考虑如何分层次、分单元地表达主题时，需要对展馆的总体空间结构及具体分布有一定的理解与掌握，设计师在设计框架时，实际上已在下意识地将展馆的空间布局一并考虑到了：哪些单元应当置于哪些空间位置，哪些位置适宜于哪些单元的布置等。当然，在确定最后的构架时，还必须对展示单位所需的展品的数目和空间的大小进行全面考量，但在思维方法方面，也不能脱离了形象思维的运用。

另一方面，形象思维的应用，是指内容设计者利用陈列语言对展品进行组织，以表达某一实物或主题的设计，这也是它的一个重要作用。当传统博物馆使用展览语言来展现自己的时候，由于内容设计者对展览原本所处的环境最为熟悉，并且擅长于对展览内容间的联系进行把握，因此，在空间布局上，内容设计者必须做出特定的安排。利用形象思维对展品的空间位置进行合理的布置，能够实现对藏品内容的自我表达，而对整体呈现形式的明确界定，则能够让展示组合所传达出的信息更为全面和准确。这就对设计者提出了更高的要求，他需要对展示语言的呈现类型和表现手法很熟练。知道哪种组合类型适合什么样的内容的表达，用什么样的表现手法可以烘托出什么样的气氛等。

我们都知道“复原”是展览用语的核心。复原式组合大致可分为三类：全复原组合陈列、半复原组合陈列和象征性复原组合陈列。所谓全复原组合陈列，是将实物按照原来使用时的样子进行摆放，从而把观众带入一个真实的场景，让观众有一种真切的、具体的历史感觉。主要应用于各类故居、遗址及户外博物馆等。半复原组合陈列，就是将“现场”还原到展览馆的某个角落，非常适合于考古学、自然和人文科学等博物馆使用。在很多自然博物馆里，把鸟类和动物的标本放入人工恢复的生态环境里，以景观的形式展示出来，很好地表现了大自然的趣味性。

在陈列语言的展示表现手法中，主要有以下几种：象征与比拟手法、烘托与渲染的手法、模拟的手法、大中见小与小中见大的手法、科学复原的手法、以虚托实的手法等。由国家文物局、中国博物馆学会共同编著的《博物馆陈列艺术》，以具体事例说明了这些展示方式。例如，烘托与渲染的手法，主要是利用巨幅照片或灯箱作为实物展品的背景，来烘托展示环境的氛围，并起到图解和深化展品内涵的作用。在文物数量较少且体积较小的情况下，经常会出现以虚托实的表现手法，但是在进行展示时，却有着巨大的意义和丰富的内涵。一般情况下，需要利用陈列的道具设备，或者是合适的背景衬托，将陈列的空间进行扩大，以强有力的手段来加强实物展品的形象，并使用隐喻的方法来引导观众对陈列的内容进行理解。解剖式展示指的是利用图解、立体模型，甚至是实物，对其进行解剖，将其全部作为一个重要部位展现在观众面前，将比较复杂、难以用语言表达清楚的问题进行具体形象的剖析。这种表现手法在社会科学或自然科学的各种陈列、展览中被广泛使用，特别是在科技性展示中得到了广泛应用。

内容设计者必须对上述各种陈列方式以及表达技巧了如指掌，才能在设计中灵活地运用空间形象思维，创造出栩栩如生的陈列展示作品。与传统博物馆的陈列语言一样，数字化博物馆也有自己的“陈列语言”，这是一种融合了数字化、网络化等诸多特征的，以数字为主要特征的“陈列语言”。在内容设计中，应充分利用形象的思维，把展示手段的表达特征融入内容的创作构思。就像传统博物馆的内容设计者需要掌握陈列语言一样，数字化博物馆的内容设计者也必须明确地知道有哪些展示技术、各自不同的呈现状态和适合表现的主题，并且要知道如何进行组合，才能让内容表达得更合理、更充分，从而获得最佳的展示和传播效果。对数字表现方法的理解与掌握，直接影响着数字形象的应用是否顺畅与准确。

数字藏品资源的展示技术有静态展示、动画展示、视频展示、VR 展示等多种基于 Web 的表现手法和形式。

静态展示是以文字、图片和超文本链接为主要手段，将一项展示内容周围的信息进行叠加，是数字化博物馆常用的一种展示手段。在数字显示技术中，文字是最简单、最直接的表达方式，也是最基本的表达方式。在展览中，观众可以从简洁的文字中，了解到一些不能清楚地呈现的资讯与知识。文字具有引导和激发人们对所展示内容的理解和思考，引起兴趣和共鸣的功能。并将其与其他表达方式有机地结合起来，以实现展示的目标。一份精确而适当的文字解说，不仅可以提高展览的效果，而且可以帮助观众更好地了解展览的内容。如今，数码照相机、数码摄像机和扫描器的普及，使影像的采集变得非常简单。图片可以从多角度拍摄、展示文物等收藏品，而且许多珍贵的历史照片或老照片本身也是一种值得研究和欣赏的收藏品。

Flash 是一种利用矢量图形和流式播放技术的重要网络媒体之一。Flash 是具有很强的表达能力，十分生动、形象。将声音、图像、文字等相结合，创造出震撼人心的动画或电影呈现效果。在数字化博物馆中，有许多藏品，比如航空兵博物馆中关于飞机、航空发动机等工作原理的展示，就适合采用这样的方式。通过 Flash 动画展示技术，可以展示藏品使用的原理、运动的规律或生成环境等方面的信息，提供了一种形象的表现形式，能够增强展示的生动直观效果，增加展品的吸引力，同时还能提升文物和展品的欣赏、教育价值。

在数字展示语言中，录像有着特别的意义。除了可以给观众带来一种空间感之外，视频还可以将展品的速度、方向、颜色、形状、大小等，与静态图片和文字相比，视频所能提供的信息更加丰富。视频让展示图文并茂，声、情、色、意俱在，让观众可以眼见其形，耳闻其声，从而进一步加深了观众对藏品的展示内涵的理解。在数字化博物馆中，最常用的方式就是网络视频，这种方式能够突破时间空间、宏观微观的局限，将藏品中所涉及的事物、现象、过程直接在网上呈现出来。

无论是动画还是视频，他们都被嵌入网页中，以动态、变化、生动的画面呈现出来，这是他们首先给观众的印象，也是内容设计者在选取收藏品信息的表达方式时要注重的表现特征。另外，其自身所展现的与藏品或主题相关的内容，也需要由内容设计者来完成。在这部分内容的设计中，还涉及了另一种形象思维的应用，这一应用更像是影视作品的编剧在写剧本时所使用的思维，就是要对演员的表演形态、影视制作的特技手法，如蒙太奇剪接、镜头视角运动、正反视点切换、角度变换和构图等有一定的理解。数字化博物馆的内容设计者，在使用动画、视频等技术进行创意时，还必须掌握这些技术中所包含的表达要素、画面变换技巧，并将这些技巧融入动画、视频等小型“剧本”的创意中去。经过合理的组织安排，以及后期的艺术处理，利用动画和视频独特的表现方式，把内容形象地、生动地传递出去，带给观众强大的视觉冲击和感染力。

VR 技术是基于计算机图形学，计算机仿真、人机界面、多媒体、感知等技术，通过计算机产生一个能够准确地反映物体的物理特性和动态特性，并将使用者“融入”这个环境中，从而实现使用者与这个环境之间的直接、自然的互动。这是一种非常新颖和强大的数字化表达语言。它最大的特征就是具有了真实感和临场感，观众只要点击鼠标，就可以随意地控制浏览的方向，操控虚拟场景中的对象和人物，与虚拟场景中的对象或人物展开互动，从而可以对馆藏精品展开自助游览，甚至进行虚拟操控。VR 技术可以将典型的历史人物和珍贵的文物重现，尤其适合将实体展品所不能表达的过程或特征进行展示。

这种思维模式上的特殊差别，正是由于其客体载体的不同，使数字化博物馆与传统博物馆在内容设计上存在区别。尽管数字化展示的内容设计者并不是专门负责最终呈现的数字画面的制作，但只有理解了上述展示技术的效果以及自身的特征，在进行内容设计时，才能更多地利用形象思维，根据对最终展示作品的预期进行设计，充分发挥数字化展示的特点。越是熟悉，越能熟练地使用，也就越能更好地与艺术工作者、技术工作者进行交流与配合，从而使自己的作品更接近自己的期望。

2. 藏品资源选择和利用的对比

展品的选取与使用是展览内容设计中的一个关键环节，而这一环节都是建立在收藏品的存在之上的。要能准确地表述出展览的主题，要能切入主题，要有代表性，要有很强的表现能力，这就是无论是传统博物馆还是数字化博物馆，在对展品进行选择时都要遵守的基本原则。

在传统博物馆的展出中，在对展品进行选择的时候，要对藏品的真实性进行充分的考虑，不能将赝品当作真实的素材，放入到内容设计中。对于复制、仿制作品，应在作品中注明其用途，这不仅是对科学的尊重，也是对社会的责任感，同时也是对博物馆良好形象的维护。因为所有的展品都是以数字化载体的形式出现的，只要是经过原始实物的数字化而来，无论哪一种呈现形式，都与传统博物馆中的实物一样真实，都可以科学、准确地反映展品的相关信息。

传统博物馆的藏品在数量、质量、种类等方面都很少，无法满足各类专题展览的需求，同时，就算馆藏了极具观赏性的藏品，也很难取出用于展出，这就造成了展品的选取上的缺憾。

从展览特色中的传统博物馆与数字化博物馆的信息资源使用对比可以看出，数字化博物馆可以说是在收藏品的自由选择上有很大的优势。第一，传统博物馆内的一切馆藏都可以通过数字处理，进行数字展览，其中也包括那些长期“沉睡”在仓库里的珍稀珍品。第二，展品的信息资源能够在真实世界中被实时地利用数字设备进行采集，想要什么，就能得到什么。第三，还可以在网络上挖掘出与待展示藏品资源有关的所有信息，这更有利于对展品和主题进行贴切的表达，为观众带来了更加丰富的信息。总体来说，数字化博物馆能够展示和使用的资源有很多，这大大减少了藏品资源在主题选择和整体展览上的局限性，同时在内容设计上也可以更轻松一些。

作为内容设计者，在进行藏品选择的时候，要对数字化博物馆丰富的数字资源储备进行充分考虑和利用，让数字藏品以多种形式与观众接触，从而实现其自身价值。要想学会使用，就必须先对这些收藏品有更深的了解，才能更好地使用它们。与此同时，要善于发掘文物在各个方面所具有的特色与价值，尽量把它们运用到更多的展览主题中，使它们能够起到不同的作用，从而达到最大限度地利用资源的目的。

3. 辅助信息组织与表达的对比

在展览中，为了使观众能更好地了解物品，更好地了解展览的主题，往往会使用一些非实物的展示材料，这就是所谓的辅助材料。

在传统博物馆里，所提供的辅助资料通常有：历史年表、谱系、进化树、年代鉴定表以及多种地图等，这些都有助于确定展览或展览群的时间和空间坐标；有些有助于展示展品的构造，并说明其中的原理和机理，例如：还原模型、沙盘、景观箱等；还有一些是对生态或时代背景的介绍，这些都是通过文献、图片和美术作品来进行的。当然，也有些资料有助于读者识别，例如解释、拓片、放大的照片以及幻灯片。

辅助资料对观众对展览的认知与理解具有很大的启发性与指导性，但是由于其自身表达手段的局限性，其所能起到的作用往往只是观众理解了展品，呈现了主题，而很难通过这些资料进行更深层次的学习与思考。另外，尽管辅助材料的类型很多，但是在设计和制作过程中，必须考虑到所能提供的展示空间，因此在使用时也会有一些限制。

在数字展览中，辅助材料的组织方式和所起的作用是不同的。当然，目标都是为了让观众更好地了解展品，更好地了解主题，从而获得更多的知识。但是，这种以数字为代表的信息载体形式大大地拓展了辅助信息的表达范围，并对其表现的效果进行了完善。在陈列时，可随意使用图片、文字、声音、图像等任何形式的辅助材料，并将其镶嵌于展品之中，镶嵌于主题之中。

动态情景模拟取代了静态的沙盘、模型，变得生动形象，给观众带来了视觉和心理的冲击，让人印象深刻。更重要的是，在提供了信息的超链接功能之后，还可以使用辅助信息，在时间和空间两个维度上，对展品资源和展示主题进行任意延伸，从而加深了主题的表达，丰富了展品信息的表现层面，甚至可以实现跨学科知识的相互融合，跨越时空，从古代到现在，达到一种独一无二的信息解读效果。

只要展示主题有必要，就可以制作出与之相对应的画面。数字化博物馆对辅助信息的利用和组织，不会再受到传统博物馆建设或制作某些材料时的空间、时间的限制，这也赋予了整体设计更大的自由度。

4. 展示文本编写的对比

博物馆的展览是以与电影相似的方式来设计和制造的。博物馆展出的文字和电影剧本一样。剧本是一出戏的基础。一部影片的成败，最重要的是它的剧本质量。同时，决定博物馆展示水平的第一要素，就是展览内容脚本，缺少高质量的展览内容脚本，就无法创造出高质量的博物馆展览。

内容设计的概念，最后都会以文字（展览手稿）的形式呈现，并由设计者进行制作。这是展品设计、制作的关键一环。形式设计人员是否能够完整地将内容设计者的思想以文字的方式完整地表达出来，这在很大程度上依赖于这一文字的表达方式以及形式设计人员对它的理解。

展览文本在对形式设计师进行解释的基础上，对本展览要传播的基本信息、实物和辅助展品之间的结合关系以及它们所要传达的意义进行了明确的提示，同时也要注意，整个文字的使用要与形式设计人员的专业认知相一致。内容设计者要准确地运用合适的文字，将自己所希望的画面感传达给形式设计者，让他们通过设计书中的文字，体会到设计者想要达到的效果。特别是在当前人们日益重视从“物”向“事”的设计特征的今天，更需要对文本语言进行适当的使用。

在传统博物馆中，大部分的形式设计者都是从事美术等艺术专业的设计师，而在数字化博物馆中，更多的是拥有计算机技术和设计知识的专业人士。所以，在编写脚本的时候，应该注意使用与他们自身专业背景相一致的语言，这样才能达到内容设计和形式设计之间的良好沟通，以内容设计为基础，更好地开展下一步的工作。

文字说明是内容设计文本中一个特别的组成部分，它不是供美术设计师和技术人员使用的有关展览布置的设计描述，而是直接向观众提供的有关展品或主题的详细介绍。传统博物馆的展览文本的编写，需要将展览的形式、观众站立和行走的参观方式、参观时间的限制等多方面的因素进行全面考虑，在确保准确的前提下，通常都会尽量做到精炼、简洁，让人容易理解，同时还要让人觉得有趣，避免过于冗长和单调。这是传统博物馆根据自己的陈列特征，对文本解释的需求。

数字化博物馆的文字说明也要切题、准确、生动，但由于其数字化的展示条件，网络展示空间的无限性，观众的多样性，并且可以随时以任何姿态进行参观，这就导致了在数字化的展示中，文字说明的编写原则也应该作出相应的调整。比如，可以对相同的数字展品或主题，设置不同版本的文字说明信息，来满足不同专业知识背景、不同文化层次的观众的阅读需求，既可以是专业学术化的；也可以是通俗化的；既可以是深入的，也可以是浅显的。数字化博物馆的内容设计者，在进行内容设计和文字说明信息编写的过程中，应充分考虑到观众参观的广泛性、自主性和自由性，并因此而设计，编写出与数字化展示特点相适应，能够让更多的观众感到满意的内容。

第三节　博物馆数字化的现状

一、博物馆数字化发展现状

（一）云上服务成为主流

现在，博物馆已经实现了对藏品数字化的管理与共享，随着对藏品信息的不断改进与标准的逐渐采纳，重要的文化遗产数据库也逐渐为大众所知，许多博物馆开始寻求线上云端的发展，比如，数字化应用将博物馆的文化带入网络，极大地拓展了空间，延长了人们的探索体验。

（二）虚拟场馆技术日新月异

虚拟场馆模式指的是突破将固定场馆作为唯一的服务场所，从而形成了现实场馆 + 虚拟场馆的模式。特别是在最近几年，元宇宙成了网络上的热门词汇之后，该模式正大放异彩。元宇宙的本质是虚拟化、数字化，这就要求在内容生产、用户体验以及具体的内容等方面做出很多的变化。在此基础上，构建一个以区块链技术为基础的统一通信系统，可以将虚拟世界与现实世界在社交系统、身份系统等方面进行密切的联系，同时还可以让每一个用户都可以创作内容，对社区进行编辑。在当今的网络环境下，通过直播、短视频以及其他形式的大众传播，很多地方的博物馆正打破固定地点是唯一服务场所的单调局面，使互联网成为公众的第二服务场所。

（三）线下数字展览如火如荼

从 2008 年起，中国的博物馆就开始对公众免费开放。每天都有很多的观众来参观，人们对博物馆的要求也在逐步提高。公众已经不满足于被动地接收信息，而更愿意主动地去发掘博物馆里的藏品。因此，各地的博物馆在持续探索线上藏品展示的同时，也开始将许多博物馆的藏品放在线下展览。在“真实空间”中，博物馆采用了一种更为成熟的、独立的网上研究方式，从一开始的简单的交互式装置，到后来的逐渐采用包括增益与虚拟在内的综合数字技术，与观众共享珍宝，给观众带来更多的真实感与身临其境的感觉，一种全新的数字陈列方式正在形成。

（四）跨界传播碰撞出新的火花

博物馆是一个比较固定的文化传播渠道，它所能发挥出来的传播作用是非常有限的。所以，一些博物馆会与各方进行跨界合作，来改变仅凭其自身力量和手段的传统定位。例如，故宫博物院联合润百颜，推出了联名口红，与腾讯合作推出了虚拟现实博物馆，并且故宫博物院还通过与一些知名的品牌合作，进行了一系列的研发，通过各种渠道，将产品进行了数字化，这也是一种很好的营销模式。2020 年，青瓷游戏公司推出了《最强蜗牛》，并与厦门市博物馆合作，把素三彩达摩坐像与海上丝绸之路主题活动的游戏元素结合起来，充分展现了闽南地域文化的独特魅力。这就是所谓的历史不分国界，理解历史和文化也不分国界。

二、国内外博物馆的数字化建设近况

（一）国外数字化场馆建设

1. 日本

日本在文物数字化方面取得了很大的进步，现在已经到了普及的阶段。他们通过不断恢复已经消失的文化遗产色彩和研究开发以新媒体技术为基础的内容制作系统等，致力于网络数字化技术的应用，并积极与世界各地的人文专家学者合作，以实现文化遗产的有效保护。其中一个重要的贡献就是日本最大的印刷公司——凸版印刷，2000 年 4 月，他们又和佛罗伦萨博物馆一起，把佛罗伦萨博物馆里所有的藏品都用高清数字技术保存了三年，而这些被保留的画像也会在主要的媒体中展出。在此期间，其也和中国故宫博物院一起，围绕紫禁城进行了一系列的虚拟工程的工作。

2. 美国

自美国克林顿总统于 1993 年推出“国家信息基础机构”行动计划，促进美国经济通过信息产业快速发展以来，西方发达国家及发展中国家纷纷建立了自己的信息化社会，以期在 21 世纪的新形势下取得更大的竞争优势。1994 年 9 月，美国国家科学基金会官方宣布了一个为期四年，投资 2440 万美金的“数字图书馆首创计划”。美国国会图书馆于同年十月推出一项数字化项目，引导及协调国内各公立及研究型图书馆，将馆藏的书籍、画作、手稿及相片，转换成高清数字化影像，供大众在互联网上查询。美国在利用数字技术进行保护与宣传方面一直处于领先地位，它不但将本国的文物进行数字化处理，同时也在积极地寻求并运用现代科技对世界其他古代文明进行保护与宣传，例如罗马的斗兽场、虚拟庞贝城等。

（二）国内代表性博物馆的数字化建设

1. 上海博物馆、科技馆、天文馆

2020上海市博物馆年度运营报告发布，截至2020年底，上海市现有登记博物馆149家，其中文物馆50家，行业65家，非国有34家，按照上海常住人口2400万计，平均每16万人就有一家博物馆，比全国平均水平要高。上海市以大数据、云计算、物联网、移动互联网、人工智能等为依托，以5G+4K/8K、人脸识别为代表，积极推动文博业的数字化转型；《上海促进在线新经济发展行动方案2020—2022》中也指出，要加快推进文旅场馆智能化升级，利用新的发展机遇，积极提升文化和旅游设施的智慧，更新公共文化服务。上海市目前有21个一级、二级、三级博物馆开通了微信公众号，而且这些公众号的功能也基本完善。例如上海博物馆的官方微信公众号，就有“预约”“博古今”“智天下”三个版块，每一个版块都有自己的特色，包括展品信息，以及文化创意。另外，各大博物馆的微信公众号也各有特色，有些博物馆可以实现在展馆内进行全景式的游览，有些博物馆甚至还有VR导游。还有一些场馆，则是在抖音和淘宝的帮助下，进行了在线直播，观众对此的反应也是相当热情，每天的点击量都是破纪录的。上海市在2020年5月，整合了西安博物馆的资源，推出了“云上博物馆日”，用户可以通过扫描二维码，直接享受“518”博物馆的在线活动，内容有博物馆现场直播、漫游博物馆、学游博物馆等，以一种新的方式，给观众带来了一种新颖的、有创意的新体验。

2. 苏州博物馆

坐落在江苏省苏州市的苏州博物馆，是目前保存最为完好的太平天国时

期的王府建筑。苏州博物馆也是全省首家加入百度百科可检索信息的数字博物馆，走进展馆后，大屏幕上就出现了一件件藏品的图片，最前面是一幅唐代诗人唐寅所著的《灌木丛·图轴》。博物馆划分为书画厅、工艺美术厅、双塔珍宝厅、瓷器厅等，展示了历代富贾、达官贵人的藏品，也展示了各国使节送来的贵重礼品。所有展览均以高清画质呈现，并配有详尽的文字解说。在数字化博物馆中，观众在观看的同时，还能聆听到每一项展览的讲解，并配有语音指南，对展览感兴趣的人，可以点击链接进入苏州博物馆的官网，也可以直接预约参观。苏州博物馆数字化博物馆自推出以来，一直备受文博迷们的瞩目，在文物数字化管理方面更是走在了前头。

3. 南京市博物馆

南京市博物馆是第一批国家一级博物馆，也是最早进行数字化研究的地方，它的总体结构是“一院六馆”，即历史馆、特展馆、数字馆、艺术馆、非遗馆、民国馆。首先是要在网络上预约参观，然后在入口处设置了许多声音导览设备，如果想要了解得更清楚的话，可以直接租用导览设备，不需要导游讲解。由于年轻人更容易接受高科技产品和智能设备，适应速度更快，因此南京市博物馆利用互动的多媒体展品和高科技的展示方式，为年轻人提供了具有针对性的展览内容。同时，南京市博物馆也根据观众的性别、年龄、票种等资料，提出建议，希望有关部门能进一步提高博物馆的服务质量，提高博物馆的交互性，完善售票制度。比如，在数据中心进行的男女比例计算，可以让这些节目根据女性观众的特殊需要来调整卫生间的数目，还可以为女性提供护理服务。此外，观众的参观行为，例如逗留时间、观众的心情等，也会被运用到更多的地方，以更好地利用数字技术，以增加吸引力。

第二章 博物馆数字化建设相关技术

第一节 博物馆数字化的体系结构与开发模式

随着计算机与网络技术的迅猛发展，信息技术在世界范围内得到广泛应用，为人类文化与自然遗产的保护与展示提供了新的机遇。目前，各类数字化技术正越来越多地运用到与博物馆有关的传统领域中。在 2001 年西班牙召开的博物馆全体会议上，博物馆被界定为一种长期的、非营利的机构，它面向大众，服务于社会和发展。它保存、研究、传播人类历史的见证，以科研、教育、娱乐、收藏为目的。值得注意的是：在 2001 年，会议章程中补充了一条：生活风俗遗产和数字创造行为等无形或有形的文化物质遗产都被纳入了博物馆的范畴。这一增补表明，数字化技术已经进入人们的日常生活中，并且逐步被运用到博物馆现代化的各个方面。

关于博物馆数字化的概念有很多，但一个相对完整的概念，应当包括它的网络化、虚拟化、智能化等特征。现在我们将博物馆数字化定义为：博物馆数字化是指为了保护人类文化或自然遗产，将信息资源通过计算机数字化技术进行处理、加工，以保护和展示为目的，建立在网络上的服务体系。博物馆数字化应具有三个基本特征，即数字化的文物信息资源、网络化的信息传播、公共的浏览与展示。因此，对人类物质与非物质文化遗产的保护与开发具有重要意义。我们认为，在技术层面上，一家博物馆数字化最起码应具备如下四点：第一，博物馆的核心是信息资源，如收藏在传统博物馆中的收藏品；第二，对信息资源进行存储和保护的数据库；第三，作为传递数据的媒介和桥梁的网络；第四，作为数字化博物馆最后表现形式的虚拟展示平台。

Hadoop 是由 Doug Cutting 研发的一个被广泛应用的文字搜索引擎。adoop 源自 Lucene 计划中的一个开放源码 web 搜索引擎 Apache Nutch。所以，我们首先要了解的是 Nutch，可以为我们提供更多的 信息。

Nutch 计划从 2002 年开始，其最大的特点就是抓取与搜索。但是，开发人员不久就发现，他们的这种结构将不能满足网页数量增加到几十亿的情况。海量的数据，让他们的项目陷入数据存储的困境。项目团队受 2003 年发表的一篇关于谷歌分布式文件系统（Google File System，GFS）的文章启发。文中介绍了一种用于存储大量数据的文件系统，它可以很好地解决 Nutch 工程所面对的大量数据文件的存储问题。同时，GFS 还可以避免对存储节点进行管理等花费的时间。2004 年，他们开始开发了一种分布式文件系统 NDFS，开放源代码。这就是我们后来熟知的 HDFS 的前身。

2004 年，谷歌发布了一份有关 Map Reduce 的文件，这项重大技术被公开展示在世界面前。在 2005 年早些时候，Nutch 公司的程序员还为 Nutch 增加了 Map Reduce 应用程序。到 2005 年底，各种 Nutch 算法已经通过 Map Reduce 算法进行 了移植，并在 NDFS 上运行。

NDFS 和 Map Reduce 在 Nutch 上可以做的事情并不只限于搜索。在 2006 年 2 月，他们与 Nutch 分开，成立了一个单独的项目，这就是目前被广泛使用的开源云计算平台 Hadoop。与此同时，Doug Cutting 加盟雅虎，雅虎则为他配备了一支专门的工作队伍，并为他提供必要的资源，以使 Hadoop 系统能够在网上运作。从那以后，Hadoop 一词就成了业内的热门话题，每当我们谈起云计算，就会不由自主地将其与 Hadoop 联系在一起。

而 Hadoop 的分布式计算框架则让人大吃一惊。在 2008 年 4 月，Hadoop 已经可以对 1TB 的数据进行快速分类而闻名于世。该系统运行在由 910 节点所搭建的集群上，Hadoop 的排序速度是 209 秒 1TB 的数据。谷歌在 2008 年 11 月的报道中说，他们的 Map Reduce 只用了 68 秒就可以完成 1TB 大小的排序工作。此外，在 2009 年 5 月，雅虎团队排序 1TB 的数据时，仅用了 62 秒，就这样，一次又一次地创造着奇迹。

一、云计算

（一）博物馆数字化面临的挑战

对于博物馆数字化建设所面临的挑战，主要从技术角度和管理水平两个方面展开研究和分析。在技术层面，博物馆数字化可以视为一个基于公共数据库、应用程序和互联网的大型分布式机群的文化、自然遗产信息资源共享和服务平台。博物馆数字化涉及的技术很多，如存储、虚拟现实、图像处理等，都涉及大量的信息。要想让博物馆数字化获得长足发展，就必须在技术上取得突破。在管理方面，在博物馆数字化的数据采集、存储、传输阶段，经常会出现组织工作管理混乱，各阶段工作职责不明确的现象。如果不能妥善处理，将会产生诸如知识产权争议、信息泄露等严重问题。

以下是博物馆数字化建设的关键问题：第一，建立数字信息资源；第二，实现大容量数据的存贮；第三，数据库的检索与查询；第四，影响网络传输质量的瓶颈因素；第五，具有用户友好的界面和高交互能力；第六，以什么样的方式以及形式来表达信息；第七，对文化遗产所具有的独特特征的处置问题；第八，工具和平台问题；第九，对知识产权及信息资料的保护；第十，执行的标准与规范。

如何快速、高效、可持续地利用数字文化或自然遗产信息资源，面临着诸多管理、技术、法律等方面的难题。其中，大容量数据的存储、分类与查询等技术方面迫切需要解决。

（二）云计算的概念

从狭义和广义两方面对云计算进行了界定。从狭义的意义上讲，云计算就是利用互联网来实现 IT 基础设施使用，而且该模式具有无限的扩展性。这样一种网络，它可以提供各种资源，我们称之为“云”。对于云计算用户来说，任何时候都可以访问云计算资源。从广义的角度来看，云计算是一种可以在互联网上实现按需、可伸缩地获取所需服务的服务提供与利用的模式。通过对云计算的了解，我们可以发现云计算其实就是让网络资源得到最大化利用。至于被称为“云计算”的原因，这是由于我们经常将互联网的拓扑结构描述为一片

“云”。这就是所谓的“云”的说法的由来。

云计算是从许多概念中提炼出来的，交织在一起，组合在一起。包括虚拟化、效用计算、作为服务的软件等。事实上，云计算类似于分布式计算，它的物理结构是大量的计算机分散组成的，但是从逻辑上来说，它就像是一个整体，在不同计算机上运转。随着大数据时代的来临，云计算在各行各业中的应用日益广泛，为应对大数据带来了充分的准备。

（三）云计算相关技术

1. 数据储存技术

为了保证数据的高可用性，云计算使用了一种分布式的数据存储模式。为了保证数据的可靠存储，云计算使用了大量的冗余存储技术。这意味着在多台计算机上储存多份副本。另外，面对海量用户，云计算需要同时满足海量用户的需求，因此，云计算需要具备高吞吐量、高传输速率等特点。目前，云计算中的两大研究小组分别为谷歌公司的 GFS 和 Hadoop 公司的 HDFS，这两大研究小组的研究成果为云计算的数据存储技术进步做出了贡献。前者不开放源代码，后者开放源代码。目前，HDFS 是一种更常见的数据储存文件系统。分布式文件系统今后的发展，应朝着海量数据、数据加密、存取速度等方面进行。

2. 数据管理技术

云计算被用于处理海量数据，为用户提供高效率的服务。所以，需要对大量的数据进行有效的管理。如何从大量的数据中找出特定的数据，这也是个亟待解决的问题。云计算的特点是海量的数据，需要读入的数据数量庞大，且需要读操作的数据比较多，所以，云计算中的数据管理具有读操作优先的特点。在云计算中，数据管理采用了传统的数据库方式，即先把表格分成几个栏，再对其进行存储、管理。

在云计算中，谷歌的 Big Table 数据管理技术是云计算数据存储领域较为出色的数据管理技术。Big Table 属于分布式的存储系统，它可以用来管理结构化数据，这些数据可以扩展到一个很大的规模，比如对 PB 级别的数据量，分布式的存储在上千台机器集群上。Big Table 可以通过优化数据读操作，有效地进行数据的读取。

3.Map Reduce 编程模式

为了让用户可以更容易地根据自己的需求来使用云计算，通过编程来实现一些简单的应用，就出现了 Map Reduce 编程模式，这个模式非常容易学习，而且非常适合在云计算中使用。由谷歌开发的 Map Reduce，主要应用在搜索方面，它可以将搜索过程中的数据并行化，可以处理用户的要求，并且可以遍历数据库，为用户提供所需的数据。该方法是基于 Map（映射）函数和 Reduce（化简）函数。这两个功能也是 Map Reduce 程序设计核心的一个较为形象的反映。首先，映射功能对数据进行划分，并将其分散到各个模块，再通过 Reduce 功能对其进行业务逻辑过滤，并从中抽取出有用的信息。这样，使用者就可以根据自己的需要，自行编写相应的软件，对大量的数据进行分析和处理。

二、Hadoop 框架

（一）Hadoop 平台概述

近年来，伴随着海量数据的迅速膨胀，各类新型互联网应用也为海量数据提供了土壤。要处理如此庞大的数据，需要多台计算机协同工作。Hadoop 是一个由 Apache 公司开发的开源框架，它使用了 Java 语言。如今，它已被许多大的互联网企业所采用，比如亚马逊、雅虎等。如今，Hadoop 已经成为大数据时代的推动者。

Hadoop 的图标为一只可爱的大象，这并非首字母缩写，而是一个新单词。Hadoop 之父道格·卡廷（Doug Cutting）这样解释道：这个名字是我的小孩给他的毛绒象玩具取的，我的命名标准是好拼读，含义宽泛，不会被用于其他地方。小孩子是这方面的高手，Google 就是小孩子起的名字。

Hadoop 起源于 Nutch 计划，它的主要功能就是抓取和检索网站。但是，开发人员不久就发现，他们的这种结构将不能满足网页数量增加到几十亿的情况。随着数据量的不断增长，他们在数据的存储上遇到了困难。这个项目的团队在 2002 年受到了谷歌的一篇文章的启发。开发一个开源的分布式文件系统

NDFS。这就是我们后来熟知的 HDFS 的前身。然后，Nutch 的开发团队从谷歌那里参考 Map Reduce，并在 2005 年初为 Nutch 添加了 Map Reduce。到 2005 年底，各种 Nutch 算法已经通过 Map Reduce 算法进行了移植，并在 NDFS 上运行。在 2006 年 2 月，他们与 Nutch 分开，成立了一个单独的项目，这就是目前被广 泛使用的开源云计算平台 Hadoop。

伴随着 Hadoop 的普及，Hive、Pig、HBase 等相关技术也开始出现在了现实世界。Hadoop 可以用一种低成本的方法处理大量的数据，它可以处理多个 PB 级的数据，并且可以处理多种类型的数据。传统的企业级数据仓库、数据库等也可以实现海量数据的存储，但其容量有限，且维护费用较高。同时，关系型数据库也不能对非结构化数据进行良好的存储与管理，这给当前越来越多样化的数据类型的存储带来了很大的困难。此外，对于异构数据，传统的数据仓库存在着查询效率低的问题。这正是 Hadoop 不同于传统的数据处理方法的原因。

Hadoop 的核心部分是 HDFS 和 Map Reduce。HDFS 具有较高的容错能力和较强的扩展性。用户将这些便宜的服务器聚集在一起，建立 Hadoop 平台。Map Reduce 让用户在不了解底层实现细节的情况下，可以在 Hadoop 平台上，快速、容易地利用计算机资源，构建出自己的应用程序，从而实现对数据的分析处理。HDFS 与目前使用较多的关系型数据库相比，具有一种普适性的数据处理技术，即使用了大量的低端服务器代替大型单机服务器，使用了键值对代替了关系表；Map Reduce 由 Map 阶段和 Reduce 阶段两个层次构成，利用 Map Reduce 的编程过程，可以将数据处理任务分散到整个集群中数以百计的实体设备，保证程序稳定、可靠的运行。目前已被广泛用于电商和金融等领域。

（二）HDFS

如果一个数据集的容量大于一个计算机的容量，则必须将其分割，并将其分解为几个部分，储存到多个机器。因此，这个系统被称为分布式文件系统 DFS。因为要管理多台电脑，就需要用到网络，这就必然会增加网络编程的难度，因此，分布式文件系统比一般的单机文件系统要复杂得多。

Hadoop 的文件系统叫作 HDFS，也就是 Hadoop Distributed File System。在

以往的文件或非正式文件中，也称为 DFS。HDFS 采用流式数据存取方式，运行在集群上，对文件进行存取。

HDFS 具有和磁盘相同的数据块，但它更大。所有的磁盘上都有默认的数块大小，是磁盘用来读写的最小单元。文件系统是用数据块对文件进行管理的。通常情况下，磁盘块的预设大小是 512 字节，HDFS 的默认数据块是 64MB。

与单个磁盘上的文件系统相似，在 HDFS 上的文件也可以被划分成多个数据块。数据块也是存储的基本单元，但与其他系统块有区别。如果所存储的文件的大小小于数据块，那么该文件的存储空间是由文件实际大小分配，不占据整个块。利用抽象块，可以将文件划分成多个块，存储在多个集群的磁盘上，还可以简化存储子系统的设计，也就是把存储子系统的控制单元设置为块。此外，由于分块结构的存在，使得数据的容错性和可用性得到了很大的提高。用户可以在几台集群计算机中复制数据块，生成文件副本。当保存源文件的电脑出了问题时，副本就可以被取用，而且整个流程对于使用者来说是透明的。

HDFS 将节点分成两种，并在主从式的工作方式下工作。也就是一个 Name Node（管理者），若干 Data Node（工作者）。

Name Node 执行文件系统的命名空间操作，主要是对文件目录树的操作，如打开、关闭、重命名等，它也负责把数据块与具体的 Data Node 节点映射关联起来。Data Node 对来自客户端的读写要求进行了处理。Name Node 就像一个统治者一样，能够控制数据块的创建、删除、复制。HDFS 的预设数据块是 64MB，副本因子是 3。

只有 Name Node 在同一时间内为集群提供服务。Name Node 将定期接收来自 Data Node 的心跳报文，如果被成功地接收，那么这个 Data Node 就可以正常地工作，如果没有，那么这个 Data Node 就有问题。在集群中使用单个 Name Node 的结构使得整个系统体系结构得到了极大的简化，但是同时也带来了元数据读取的瓶颈问题。Name Node 在 HDFS 文件系统中起着元数据的仲裁者和管理者的作用，它是 HDFS 文件系统中最重要的组成部分。

Hadoop 是用 Java 写成的，所以任何一个 Hadoop 的文件系统都可以通过

Java API 来实现。此外，Hadoop 还提供了诸如 HTTP、C 语言、FUSE 等多个接口来访问 HDFS，用户通过 HTTP 访问文件系统的方式有两种：一是直接访问，也就是 HDFS 进程与客户端直接进行接触访问；另外一种方式是经由代理访问，也就是客户端利用分布式文件系统 API 来访问 HDFS。

（三）Map Reduce

Map Reduce 是一种可用于大规模数据的可实现并行运算的程序模型。这个程序设计的想法是从函数型程序设计语言发展起来的，其某些特点也是可向此借鉴的。Map（映射）函数及 Reduce（化简）函数，这两个功能是对 Map Reduce 编程模式的生动描述。首先，Map 函数对数据进行划分，并将其分布到各个模块中；接着，Reduce 函数展开业务逻辑处理，对数据进行过滤，并从中抽取出有用的信息。这样，程序员就可以在不懂分布式编程的情况下，写出并行运算的程序。

1.Map Reduce 的编程模型

Map Reduce 在程序设计上采取了分而治之的思路，即在用户向主机发送任务后，主机接受任务。当主节点接收到大量的数据时，会将这些任务分发给其他的分节点。每一个节点都会执行任务，在每一个子节点都会完成自己的工作之后，就会有结果，再将每一个节点的结果进行汇总，就会得出最后的结果。简言之，这就是所谓的“任务的分派和结果的提交”。

在 Hadoop 中，Map Reduce 是由两个不同的角色来完成的：一个是负责任务指派的 Job Tracker；一个是执行任务的 Task Tracker。一个 Hadoop 集群中仅有一个 Job Tracker 节点，可以有多个 Task Tracker 节点执行任务。在 Hadoop 群集中，这两个节点采用主从式模式存在 Hadoop 集群中。

在分布式计算环境下，Map Reduce 架构需要具备分布式存储，分布式任务调度、负载平衡、容错平衡、容错处理等多种功能。Map Reduce 的框架包含了两种基本功能。他们处理数据文件：map 和 reduce。map 将一项任务划分为多项任务，并对其进行 map 阶段逻辑处理、划分和分类。reduce 是接收 map 阶段所处理的被分割后的任务，在 reduce 阶段对其进行逻辑处理，再将分解后的各任务处理所执行的结果进行汇总。需要指出的是，使用 Map Reduce 对数据进行处理时，需要将数据分成若干个较小的数据，且每一个较小的数据都能进行并行操作。

2.Map Reduce 的工作机制

Map Reduce 的工作流程中有四个关键的实体包括 Client、Job Tracker、Task-Tracker、HDFS。Client 向 Map Reduce 提交 Map Reducejob，作为一个进口，让用户将任务提交给 Job Tmcker 并与其互动。具有提交任务、开始、跟踪任务执行情况等功能。Job Tracker 可以接受用户提交的工作，并且对工作进行监督。Task-Tracker 是执行任务的实施单位。HDFS 是 Hadoop 的文件系统，对各类文件进行存储与管理。

（四）HBase

HBase 是一种分布式的、面向列的、开源的数据库，这一技术最初是基于谷歌的一份名为 Bigtable 的文章：一个分布式的、能储存结构化数据的系统。就像谷歌使用的 Bigtable 文件系统一样，HBase 也可以用在 Hadoop 集群中。HBase 是 Hadoop 的一部分，与其他数据库相比，它有一些独特的特性。它还包含了以列族为基础来存储非结构化数据的能力。

基于 Hadoop 的 HBase 数据库具有列导向、可扩展性、可靠性高等优点。与 Hadoop 一样，它也拥有 Hadoop 系统所拥有的低成本性能，可以将其安装到价格低廉的大型服务器上。

HBase 和 FUJITSUCliq 等大数据产品的区别在于，HBase 采用的是开源，就像谷歌的 Bigtable 采用的是 GFS 存储方式一样，HBase 是基于 Hadoop 的 HDFS 存储系统。就像谷歌在 Bigtable 中处理大量数据的方式，HBase 利用 Map Reduce 处理大量数据；谷歌的 Bigtable 在协作服务中使用了 Chubby，而 HBase 则使用了 Zookeeper。对海量数据进行实时、随机的存取。

尽管对数据库的存取和存储有许多种可供选择的策略，但大多数都不适合于大型的、可扩展的、分布式的处理。许多供应商为使数据库可以在一个节点上进行扩充而提供了复制和分区的解决方案，但其中大部分都是附加的。因此，安装和维修都比较困难。这两种方法都需要依靠某些关键的 RDBMS 特性。而 HBase 就是一个很好的解决方案。在此基础上，只需添加更多的结点，就可以实现对数据库的线性扩充。

三、云平台下的数字博物馆结构设计

（一）系统开发目标和原则

在大数据环境下，云计算得到了日益广泛的应用。我们要加速在云端上实现数字化博物馆的建设。博物馆数字化肩负着对人类文化或自然遗产信息资源的保护与利用的责任，具有收集、保存、传播、展示和使用等多个方面的功能。随着实物收藏品的数量越来越多，传统的体系结构已经无法满足这种需求。访问时出现了严重的延迟问题。为保证数字化博物馆的有效运行，可以通过 Hadoop 平台完成博物馆数字化的设计与实现。利用 Hadoop 的强大功能，对大量的数据进行处理，为博物馆数字化提供更多的信息。

第一，兼容性原则：博物馆数字化在云计算环境下的数据种类繁多、数据存取需求多样等特点，使得在云计算环境下的博物馆数字化需要具备良好的兼容性。因为数据的数量在很长一段时间内都在增长，因此在开发这个系统的时候必须遵循兼容的原则。

第二，高效性原则：针对现有博物馆数字化存取时延这一问题，利用 Hadoop 强大的并行计算功能，突破现有博物馆数字化存取时延这一瓶颈。要遵循高效的设计原则。

（二）系统体系架构

以 Hadoop 为基础的博物馆数字化，利用云计算技术对大数据进行存储和处理。数字化博物馆建设主要涉及馆藏的各种数据资源，各类服务软件，以及网络和服务器的建设。对传统的博物馆数字化进行了改造，形成了三层体系结构，分别是 web 应用层、数据访问层、存储层。

1.web 应用层

应用程序层为用户接口。主要由前台显示和后台的数据管理所组成。该系统采用了基于 J2EE 的 SSH2 架构。这是一个三层体系结构的经典例子。在表示层，对 Struts2 进行了配置，当前端页面发出请求时，Struts 会按照已经配置好的信息，将 Action Servlet 收到的 Requst 请求交给 Aciton 来处理。在业务层，Spring 主要管理 Business 逻辑，可以为 Action 提供 Business Model 组件。在持久层，利用 Hibernate 技术对数据进行持久性存取，编写与 HBase 数据库进行交互的代码，对 DAO 部件的数据进行处理，并对数据进行反馈。

2. 数据访问层

首先，在 Hadoop 基础上，使用了作为半结构化数据库的 HBase。目前，我国在博物馆数字化建设中存在着大量的信息资源，如文字文件、图片文件、音频文件、视频文件、动画文件和 3D 模型文件等。由于大部分文件的尺寸都比 HDFS 数据块小（64MB），因此，由于 name Node 中存在着大量的小文件，导致 name Node 中的内存开销较大，而实际占用的存储空间较小，通过 HBase 数据库能够有效解决存储问题。

其次，云平台要对数据进行存储，并对其进行读取。由于目前数字博物馆中的海量数据都集中在大型机群上，而非局部。因此，数据访问层由两个模块组成：博物馆数字化数据资源文件读取与存储模块，它负责将数据文件导入 HDFS 分布式文件系统以及从分布式文件系统上读取数据文件。该方法包括：数据资源的输入存储器接口和数据资源的读取接口。

HBase 起到了数据库系统的作用，实现了数据的读取和输入。它封装了 jar 包，这些 jar 包是用 Java 语言对 HBase 数据库进行一系列的操作所需的。

3. 存储层

在数据储存层使用了 HDFS 分散式文件储存系统，并以 Hadoop 为平台。这是一个真正的储存博物馆数字化数据资料的地方。

（三）数据库设计

博物馆数字化的资源档案以 HBase 数据库形式保存，并按照其特征，将其保存在三个表中，即用户表、资源信息表、公告信息表中。

即用户表：即用户表储存管理员 ID、用户密码、真实名称、信箱、手机号码、所有的资源表。这里的 ID 作为行键。

文物信息表（article）：其中包含了文物的基本信息和各种多媒体信息。其中，rowkey（主键）是对文物数据的索引，而 time 则是对数据的时间戳进行记录。分别是 Baseinfo、Mediainfo、Extendinfo。Baseinfo 列族用于记录文物的基本描述资料，包括文物的名称、文物的描述、文物的类型 等。Mediainfo 列族用于存储文物的多媒体资料，文件 1、文件 2、文件 3，等等。Extendinfo 列族会记录其他工具信息。

公告信息表：用于存储该网站的公告信息。包括公告标题，公告时间，公告内容、是否为全平台公告、是否为资源更新公告、公告所述资源 ID。

该软件利用 java 界面对底层的 HBase 数据包进行了数据连接；上层应用程序对 HBase 表格中的有关信息进行了平台化的展示。

（四）基于 Hadoop 的博物馆数字化模块实现

在对数据库进行了设计之后，进行数据库的实现。因为使用了 Java API，所以需要用到 Eclipse 的编程工具。利用 Java 来实现数据库，并实现数字博物馆数据文件上传、删除、修改等功能。

1. 数据库模块

在 Hadoop 上建立博物馆数字化的核心技术就是数据库，而如何利用 Hadoop 上的 HBase 数据库来为网络系统提供数据支撑，则是建立该系统的关键。其中，HBase Basic Operation 是 HBase 的基础操作类，它是一个通用运算类。剩下的四个类，即 Base Data、User Data、Article Data、Notice Data 都是表的操作类。 这些类都是通过通用操作类封装好的 HBase 的操作接口来实现的。

第一，HBase Basic Operation 类：它是一种通用类，它封装了 HBase 的基本操作。这个类主要是使用 HBase 所提供的 API 来初始化 HBase 中的一些基本操作，如创建、插入、删除、查找等。

第二，Base Data 类：此类是一个基本类，用于对表进行操作。该类是 User Data、Notice Data、Article Data 等类的基类，它主要是抽象出了这些特定表的一些公共操作，从而为代码复用率和开发效率提供了保障。这个类可以直接调用 HBase Basic Operation 类中的一些方法，来完成对数据的初始化、读取、写入等操作。

第三，User Data 类：这个类主要执行与用户表用户有关的动作。包含新建 的代码使用用户、记录用户的登录信息、删除用户的信息等。

第四，Notice Data 类：这类类的主要功能是对公告信息表通知进行相应的处理。也包含了创建新的公告、修改公告信息、记录公告修改信息、查询特定公告等方式。这个类由编辑器连接到 User Data 类。

第五，Article Data 类：这个类的主要功能是完成对文献数据表文献的相关运算，中包含了将用户上载的文物数据插入数据库、删除数据信息、修改数据信息、查询特殊特征信息等方法。这个类由行键和 Notice Data 类连接在一起。

2.web 系统页面

在博物馆数字化系统的首页，用户可以查看最新的公告和专题特荐板块，在导航栏上有虚拟博物馆、自然科学馆、艺术博物馆、文化盛会、非遗博览、世界博览等板块入口，用户可以根据自己的兴趣来进行浏览和欣赏。

在后台登录页面上登录系统的后台管理，管理员可以从这个页面上进入后台。

在博物馆数字化后台管理页面左侧的菜单栏中，包含了常用操作和系统管理两种内容。常用操作主要是对文物进行管理，对各个模块进行管理。管理人员可以通过相应的模块来实现对数据的管理。

在文物管理页面中，可以对文物进行新增、批量删除、更新排序等操作，还可以将数据文件导入后台数据库中，还可以对文物信息进行修改。查询拦截能够对文物信息进行查询。

第二节　博物馆数字化虚拟场景实时交互技术

一、VR 技术概述及研究现状

（一）VR 技术概述

VR 技术是最近几年兴起的一项高新的计算机技术，它在医药、娱乐、军事航天、室内设计、房地产开发、文物古迹、工业仿真、数字地球建设等领域都有广泛的应用，旨在利用计算机模拟技术生成一个三维空间的人为虚拟世界，最大程度地还原表现现实物理世界，为用户提供了视觉、触觉、听觉等感官，可以让用户无限制的随意观察三维空间内的事物，产生如同身临其境般的感觉。

VR 系统最关键的特征就是它的交互性，当然，在这一过程中，它的前提条件就是要有人的参与，也就是由人来进行开发、建造和为人提供服务。它的主要特征有三个：第一，有效性，也就是可以通过人的指令，来进行反馈。第二，实时性，也就是反馈必须满足实时性要求。第三，准确性，就是对人的命令，可以进行准确的识别，并进行准确的反馈。

VR 技术是多种新型技术融合而成，其中在图像处理、多媒体方面以及通信方面较多，例如：数字图像图形处理技术、多媒体技术、实时三维计算机图形生成技术、多传感器交互技术、无线通信技术以及高分辨率显示技术，为我们创建并提供了通过虚拟模拟技术来感知客观世界的新型平台。近年来，随着计算机技术的飞速发展，VR 技术也得到了进一步的发展，使得VR技术在各个领域得到了越来越多的应用。

当前，按照用户对 VR 的感受程度，将其从低级到高级划分为四种，分别是：桌面级 VR 技术、高级 VR 技术、现实性增强级 VR 技术、分布式 VR 技术。

1. 桌面级 VR 技术

桌面级 VR 技术使用的是个人计算机（Personal Computer，PC）和低级工作站进行仿真。其中，PC的显示器主要用于为体验者提供一个观察VR 世界的窗口，而其他的各种PC外部设备（例如：键盘、鼠标、追踪球、力矩球等）则是用来感受与操控VR世界的。体验者可以利用PC显示器来观察全视野内的VR 世界，并且可以对 VR 世界中的对象展开有效的操作。然而，由于实体展出环境中存在一些因素的影响，使用者的体验会被限制在一定范围之内，无法做到100%的实际投入，因此，完全投入功能的缺陷是桌面级的 VR 技术最大的现实缺陷。不过，与其他层次的VR技术相比，它的投资开销也相对较小，所以它的实际使用率也较高。比较经典的桌面级VR 技术包括了三种类型，分别是：以静态图像为基础的VR技术、以 VR 造型语言为基础的VR技术与以桌面 CAD 系统为基础的 VR 技术。

2. 高级 VR 技术

这种技术又被称为“完全投入级”，也就是“沉浸式”的 VR，与前者不同的是，这种技术可以让使用者 100% 的全身心地投入虚拟世界中，通过头盔上的智能显示器，为使用者营造出一个全新的虚拟世界，让使用者仿佛置身于现实世界中。当前，使用的较为广泛的完全投入级 VR 技术的系统包括：基于投影式 VR 系统、基于远程存在系统的 VR 系统和基于智能头盔 显示设备的系统。

3. 现实性增强级VR技术

该技术不但利用 VR 技术模拟、仿真物理世界，更重要的是利用其增强体验者对真实物理世界的感知，最典型的例子就是：战斗机的平视显示器，可以让驾驶员不用俯视驾驶舱内的仪表数据，由于该技术可以将仪表读数和武器瞄准数据投影到正好位于驾驶员面前的一块穿透性屏幕上，使得驾驶员在战斗中可以专注于敌机和导航偏差，大大提高了射击准确度。

4. 分布式 VR 技术

利用分布式技术，将多个用户通过无线网络技术和计算机技术连接起来，共同体验到相同的 VR 世界。目前，最典型的是两种分布式 VR 系统，一种是作战模拟网络，另一种是 SIMNET。 SIMNET 经常被用来进行跨区域的联合军事训练。比如，有了 SIMNET，中国和俄罗斯两个完全不同的模拟程序就能在同样的虚拟现实世界里执行同样的军事演习。

（二）国内外研究现状

虚拟现实系统是美国最早开发出来的，用于军事模拟，比如军事演习，空战模拟等。20 世纪中叶以后，以 VR 技术为基础的博物馆数字化（DM）是一个新兴的研究方向。

DM 系统不仅能将现实中的博物馆以电脑的形式呈现给世人，更能为文物的保存与传承，提供一条全新的途径。因此，世界上所有国家都在争先恐后地建设自己的博物馆数字化，以传播和保护自己国家的代表性文化资源。当前，欧美和日本都对此进行了大量的研究，并取得了一定的成绩；而国外或地区则在此基础上，通过对相关技术的借鉴与参考，纷纷建设起了自己的博物馆数字化。

在 1990 年，美国发起了一项名为“American Memory”的大型项目，这也是博物馆数字化的雏形，这个项目的目的是将一些图书馆中的书籍和文献进行数字化，然后，这个项目开始在全国各地的博物馆中推广，并将这个项目推广到了全世界。

日本在 1995 年提出了著名的“Global Digital Museum”项目。它是亚洲第一个开展 DM 化的国家，利用 VR 技术将真实的博物馆数字化，并在互联网上向全世界开放，并利用 VR 技术和三维技术，创建了一座 VR 博物馆体验中心。

欧洲的一些国家也在做着同样的事情，比如大英博物馆，比如法国卢浮宫，比如梵蒂冈博物馆，这些都是公开的。

近年来，伴随着中国科学技术的发展，虚拟现实技术在中国的发展已经初具规模。当前，国内已经有不少的科研项目在进行，其中以数字媒体为主，如“中国博物馆数字化”“数字故宫博物院”“数字敦煌”等。

“数字敦煌”是由甘肃省敦煌研究院进行的敦煌莫高窟的虚拟复原，它的主要功能是通过 VR 来实现的。敦煌莫高窟自秦朝开始，历经十六国、北朝、元代的多次修建，形成了一座规模宏大的石窟，其壁画、佛像等艺术精品享誉世界，被称为 20 世纪最有价值的文化发现。该遗址地处中国西北部甘肃省酒泉市，受地理位置、自然环境恶劣、历史原因等诸多外部因素的影响，对该遗址的保护已成为当务之急。所以，石窟利用了 VR 技术，建立了一个基于现有资料的三维模型，让观众能够近距离地观看。

另外，中国的一些地区，如上海博物馆、台北故宫博物院，也都在进行着虚拟化和数字化的构建。我们认为，在未来的几年里，中国在 VR 领域的发展将会有更大的作为；与此同时，我们将把中国的历史和文化带到世界各地，使更多的人认识中国、认识中国文化、融入中国文化。

二、虚拟博物馆场景建模方法

（一）虚拟博物馆建模流程

采用基于混合建模的博物馆场景建模系统，实现具有较强交互性和真实感的博物馆场景。将基于几何的建模方法与基于图像绘制的方法结合起来，以博物馆的现实场景照片、博物馆的文物展示台照片、博物馆的背景照片等为样本图片，对博物馆场景进行虚拟建模，实现系统场景中文物的各个方面的截图展示，用基于几何的建模方法建立场景中的对象，并通过文物的各方向的截图对模型进行后处理。最后，利用该融合算法，实现了一个具有丰富细节、多种视角、真实度高的博物馆虚拟场景。

虚拟博物馆的建模过程，分为三个步骤：

第一步，建模准备工作：完成了博物馆的全景图片数据采集，并收集了与展品有关的数据和总结。

第二步，建模构建工作：建立博物馆的场景和物品模型，并持续渲染等工作。

第三步，建模后期工作：不断地对这个博物馆的场景模型进行优化，处理等操作。

在筹备阶段，利用采集到的博物馆场景数据信息，具体内容包括：对展台、背景以及灯光背景等，使用以图像绘制为基础的建模技术对其进行处理。之后，对于展示的文物，利用几何建模技术对其进行建模，从而得到文物的三角网格模型，并通过对模型的简化，来实现系统场景中多角度、多层次的不同展示。最后，还对已完成的虚拟博物馆模型展开了优化处理，从而给用户带来了更加逼真的视觉效果。经过后期的不断优化操作，在浏览器上实现了虚拟博物馆场景漫游等功能。

（二）虚拟场景的层次结构

在真实的博物馆里，展示着各种各样的物品，所以，需要对每一件物品进行较为详细的建模，这就使得建模工作变得更加困难。所以，需要按照合理的划分规则，来对博物馆的展馆展开划分，这样就可以避免资源浪费及模型的重复。以不同文物的不同年代、不同种类为基础，将其划分为不同的展馆，同时，以展示文物主题的不同为基础，将其划分为不同的展厅。通过这种方法，我们可以获得一个用于场景实体建模的层级结构。该模型采用了自上而下的分层结构。

该设计思想既可简化场景复杂性，提高其实时性，又可利用模型重用的方式，减少相似场景的建模时间，进而提升系统整体场景建模效率。

数字博物馆的虚拟展厅建模是最主要的场景模型，展厅模型主要由地板、天花板、地面、墙、壁画、藏品等构成。为了能使展厅模型更加逼真，在运行这个模型时，主要采取了以下两个步骤。

1. 展厅基本轮廓

展厅的轮廓主要由一些规则的长方体或圆柱体构成，在对真实的博物馆展厅进行建模时，我们以真实的博物馆展厅模型为基础，利用长方体来构造展厅的轮廓，与此类似，我们也考虑在展厅模型中的对象上，利用一些规则的几何体来构造展台、壁画等，最终形成一个完整的展厅的基本轮廓。

2. 加入背景

为了让展馆的造型更逼真，在主体造型完成后，必须添加大量的背景图片。在虚拟空间中，背景可以分为两类：一类是天空背景；另一类是全景空间背景，全景空间背景可以被看成一个立方体，它被划分成了立方体的上、下、左、右、前、后，总共六个面，按照不同的配置来设置不同的背景图。

考虑到虚拟博物馆展厅场景的基本形状大部分是由立方体组成的，所以，本书采用了全景空间背景，利用博物馆现场多角度拍摄，从而获得了展厅的六个不同面的图像，并对其进行了贴图处理。

三、虚拟场景实时交互动画以及漫游的实现

（一）三维动态场景技术

三维动态场景指的是通过动态全景图构建的图像在空间中切换，从而达到浏览各个不同场景的目的，使用户有身临其境的感觉。利用 VR 建模语言（VRML 语言）实现简单的 3D 动态场景，并将其与 Java 相结合，实现复杂 3D 动态场景。

1. 简单三维动态场景技术的实现

（1）虚拟现实建模语言（VRML）简介

VRML（Virtual Reality Modeling Language）是一种 VR 建模语言。这种场景建模语言主要用于建立现实世界的场景模型或者虚构的三维场景，具有平台无关性。该语言实质上是一种三维造型语言，也是一种以网络为导向、以对象为

导向的解释语言。一个复杂场景是由子节点的集合组成，节点就是 VRML 的对象。用户能够与场景进行基本的交互，是由于浏览器可以对 VRML 文件进行处理，将抽象的这些文件通过声音和图像呈现出来，节点、事件、场景、原型、脚本及路由组成一个完整的 VRML 文件。这样，我们不但可以创造出一个真实的三维虚拟场景，而且还可以让用户在虚拟场景中进行良好的互动。在网络上，改变了二维的状态，这一切都是由 VRML 文件来完成的，并能借助插补器和传感器，这些器件都是 VRML 自带的，最终实现了三维漫游效果。

当前，VRML 以其平台无关性、可扩展性、低宽带上良好运作、高交互等优势，已经成为该领域的核心技术，具有广泛的应用和研究价值。

（2）VRML 实现简单动态场景

VRML 自身节点包括时间传感器节点，插补器节点、检测器节点、数量分别是 1、6、7。这三个节点通常是同时使用的，当它们结合在一起时，会产生非常真实的动画效果，给人一种身临其境的感觉。动态模型中的关键时间点由时间传感节点提供，动态模型的描述则由插补器节点来实现。然而，利用上述节点只能够完成简单的 3D 动画，对于复杂的动画，如果只利用上述节点，则会显得烦琐，甚至不能完成。

2. 复杂三维动态场景技术的实现

（1）VRML 与 Java 技术

VRML 是一种用于三维场景描述的描述性语言，它与平台无关，易于扩展，是 VR 中的关键技术。VRML 浏览器具有更多的优点，例如：不但具有更逼真的界面，更便于用户浏览；有的时候是一个单独的程序，有的时候是一个附加的网页，或者是一个插件。所以，在实现网上模拟任何现实场景时，都会更加真实，例如：网上教学、模拟战场以及网上实习等，已被广泛用于实践。

Java 是一门用于网络程序设计的语言，它的基本功能和构造都与 C^{++} 差不多，但是它要简单得多。Java 语言的特点是使用比较简单，面向对象，分布式、健壮、可移植性等，用该语言开发的软件实用性很强，有很好的视听效果，可操作性强。

（2）VRML 技术与 Java 结合的原因

VRML 技术与 Java 语言有很大的不同之处，VRML 语言属于一种三维造型语言，它还属于一种解释性语言，它面向 web，面向对象，是最核心的 VR 开发实现技术。节点、事件、场景、原型、脚本和路径构成了一个 VRML 文件。这样，我们不但可以创造出一个真实的三维虚拟场景，而且还可以让用户在虚拟场景中展开良好的互动。但是，在实现的过程中，这种互动的效果并不十分理想，而是处于一种静态的状态，使得系统的其他功能很难实现，因为 VRML 只使用了它自己组成的基本元素。为此，通过 Java 脚本语言控制 VRML 场景的方法，以提高 VRML 在虚拟场景中的应用效率。

Java 语言是一个非常有用的工具，特别是在网络应用程序的开发中，把 Java Applet 嵌入 web 中，Java Applet 是以 Java 语言为基础，与 VRML 技术相结合，再通过网络进行传输，可以更好地实现对虚拟漫游动态场景的交互。

（3）VRML 场景与 Java 程序之间的交互方式及访问方法

为了让使用者与虚拟系统进行更好的互动，虚拟系统必须与使用者进行信息交流，让使用者有沉浸式的感受。该系统中各节点之间的交流主要有两种：一种是基于脚本编程接口（Script Authoring Interface，SAI）的交互；另一种是基于外部编程接口（External Authoring Interface，EAI）进行交互。

①基于 SAI 的交互

在 VRML 场景的设计中，有一个 Script Node，它可以对 VRML 进行扩充，并为 VRML 与其他语言提供对应的接口。在 VRML 场景的设计中，Script Node 把 VRML 与 Java 语言很好地结合在了一起，因为在 Java 语言中有一个包含 Script 的抽象类，所以 Java 可以访问场景设计中的 Script Node，Java 程序利用类的继承机制，搭建了 Script Node 与 VRML 中的其他节点之间的桥梁，从而可以通过它对 VRML 中的其他节点进行控制，由于 Script Node 和 Script 类的存在，VRML 和 Java 可以进行正常的通信。

Script Node 允许 Java 从 VRML 获得对应的字段，并允许 Java 处理对应的数据。所以，这也是 VRML 场景获取自己反馈信息的唯一途径。Script Node 能够在 Java 与 VRML 这两个不同的模块之间搭建起一座桥梁，当情景中的任何一个事件抵达 Script Node 的事件入口（event in）时，这时，浏览器将会在对应的程序中对该任意事件进行分配，然后，相关程序会按照其分配的事件进行处理，程序将计算结果返回，最终，Script Node 的事件出口（event out）将处理过的信息传递出来。

②基于 EAI 的交互

在 VRML 中，所有的实现均采用了以 SAI 为基础的交互式动画，要想在 VRML 中与外界进行实时交互，则需要在 VRML 中使用 EAI 界面。

EAI 接口使用了 VRML 浏览器窗口与 Java Applet 窗口之间相互通信的方式，在 HTML 网页中，既包括 Java Applet 又包括 VRML 场景，而 EAI 主要是对 Java 语言和 VRML，插件展开双向沟通，以达到即时互动的效果。

从功能上来说，上述两种方法都是针对 VRML 的，对场景进行的控制基本上是一样的。在具体问题中，VRML 内部的 Script 节点可以使用在单一的 VRML 事件实现及运算功能上，如果将多种媒体进行集成，并对复杂网络进行控制，则更适合 EAI。

（二）博物馆虚拟场景的展示

1. 客户端 / 服务器结构

这种架构是当前 Web 上应用最广泛，也是最容易实现网络虚拟现实的架构。这种架构中的应用程序包括客户端和服务器两部分，两者之间通过网络相互通信。这种架构可以最大限度地利用来自整个计算机网络的系统资源。他们之间的通信流程就是客户端向服务器发出数据请求，然后服务器接受这个请求，并在收到之后进行相应的处理，最终把结果反馈到客户端。

在 C/S 架构模式中，我们不需要太高端的 Web 服务器，它只用于处理客户端的网络连接和数据请求、下载。在客户端方面，通过使用实时渲染引擎插件，使用户可以获得更真实的 3D 场景，以及更多的移动漫游模式。然而，它也有许多缺陷，如：不能实现良好的互动、不能实现自主漫游、不能实现对独立对象的属性信息的查询等。

2. 浏览器 / 服务器三层结构

该结构体系采用的是互联网 / 内联网服务构建技术，主要用于大型 VR 系统。这个相对于以前的 C/S 架构，因为本架构在原有 C/S 架构的主要组成上增加了应用服务器，将数据库和应用系统分离，使得应用系统不会受到数据库变化的影响。另外，在这个架构中，应用服务器扮演着重要的角色，例如，客户端的资料下载要求、互动查询等。客户端浏览器与 Web 服务器之间的通讯是通过网络协议（HTTP）的，客户端浏览器向 Web 服务器发出请求的数据服务，服务器将相应的服务数据返回。

在这种架构下，应用服务器使 VR 系统的性能得到了改善，使其能够更好地运行在另一种平台上，便于系统的开发和维护；对硬件设备的需求不大，对客户端的硬件性能需求也不大。所以，这个三层的浏览器 / 服务器架构被广泛应用于虚拟博物馆的 3D 场景展示和漫游。

为达到即时呈现虚拟博物馆之目的，本系统使用 HTML5 的浏览器来呈现，使用者可借由 HTML5 的浏览器来选取虚拟景物，并可进行虚拟漫游。现在，有谷歌、火狐、Chrome、Opera、Safari 等浏览器可以用来做演示平台。

3. 画布（Canvas）元素介绍

画布（Canvas）元素是 HTML5 的一个重要组成部分，它的使用非常方便，可以使动态的元素直接在网页中显示出来，在显示时不需要安装插件或播放器，它可以用于渲染图形和游戏图像等方面。这极大地增加了使用者的真实感，并提升了虚拟博物馆的实时性。所以，任何一个浏览器都可以提供 Canvas 元素，例如：火狐、google、Chrome 和 Opera。

Canvas 元素的绘制是通过 JavaScript 来进行的，它本身并不具备绘图功能。

JavaScript 也就是浏览器脚本语言，也是一种跨平台语言。在 Web 页面上，我们把 JavaScript 语言嵌入 HTML 中，或者把它调到 HTML 中，这样就可以得到一个动态的 Web 页面。这种 Java Script 语言仅适用于浏览器，也就是说，如果用户所用的浏览器支持这种语言，那么无论在哪个平台上，它都能正常工作。

在 HTML5 里，Canvas 的能力与 Flash 有许多类似的地方，比如可以用来画图，也可以用来播放动画。它们都有各自的优点和缺点，当前，Flash 技术已经比较成熟并被广泛使用，它在矢量图和位图的绘制上要比 HTML5 Canvas

略胜一筹；HTML5 Canvas 比 Flash 更好的地方是，它不需要安装任何附加的插件，而且它的兼容性更好，可以很方便地与页面上的其他元素相结合。

4. 虚拟场景展示

然而，仅仅是在博物馆场景中进行简单的浏览，并不足以让用户满意。为了使场景更加真实，用户与文物展品之间还必须有一个很好的互动。所以，我们在漫游虚拟博物馆时，需要浏览器下载漫游插件。所以，要完整地呈现一个场景，不但要解析场景文件，还要在 Canvas 中调用绘图模块，浏览器通过服务器可以得到这些场景数据文件。

5. 虚拟场景的漫游

博物馆虚拟场景漫游能够让用户有一种身临其境的感觉，要想实现这样的漫游，我们主要利用的是漫游插件 JavaApplet，实际上它是一种 Java 程序，将这个程序集成在 HTML 页面中，这个程序拥有很强的移植性，兼容性好，只要浏览器与 Java 相匹配，就能很好地运行。所以，将 Java Applet 应用于虚拟漫游场景，可以使用户与漫游系统之间的交互变得更为顺畅，从而极大地提高了系统的沉浸度。系统的工作流程为：第一步，用户将操作数据的请求发送给服务器，这个过程是由浏览器的网页来实现的；第二步，将数据从服务器端返回到 Java 应用程序；第三步，打开 Java 小应用程序，然后使用这个插件对数据进行处理。

在客户端中，只有在 Java Applet 运行状态下，当客户端提出了数据请求后，这个请求被漫游的数据发出后，服务器才可以获得。这样的操作方法不仅节约了网络的带宽，同时也提高了系统的整体性能。

在虚拟博物馆中，使用者可以选择自动漫游，也可以选择自主漫游。在自动漫游中，使用者没有主动权行动，漫游路径是预先设定好的，因此使用者无法达到真实的漫游效果；与自动漫游不同，用户在自主漫游时，可以自由地进行漫游，自己掌握漫游路线，当然，在这个过程中，用户会借助场景中的硬件设备进行视点控制，比如：鼠标、键盘等输入设备，最终达到漫游的效果。

第三节 博物馆数字化移动增强现实技术

一、研究背景与研究现状

（一）增强现实博物馆研究背景

博物馆是对自然和人类文化遗产进行研究的地方，它将长期存在的自然现象和人们的生活资料进行了大量的保存和展示，并有助于人们更好地了解历史、了解人类文明的发展脉络。伴随着计算机技术和网络信息的快速发展，现在的社会已经步入了一个以计算机为载体，以互联网数字信息为媒介的电子信息时代，博物馆正在以全新的展示方式和管理手段，向着信息化建设的方向发展。这表明，今后的博物馆建设将向数字化、网络化、智能化方向发展，为新技术的提升与运用，提供了一个很好的实验平台与广阔的发展空间。

从目前的博物馆导游情况来看，在时间和空间两个维度上，馆内展出的文物数量极为丰富，而向观众提供的信息相对较少。我们都知道，在很多文物的后面，都隐藏着非常深刻的历史，一些文物的出土朝代信息，所体现出来的兴衰历程，也值得我们去追寻。在目前阶段，这些信息大多来自导游的讲解，如果观众是自己去参观，又或是因为导游的数量不足和费用等原因，观众大多只是在参观时走个过场，参观的质量并不高。

目前，我国各博物馆所使用的导游方法，大致可分为以下几类。

1. 解说员导览方式

这种方法，主要还是看解说的水平。观众需要跟随导游讲解人员一起进行游览，游览时间很短，并且不能随意游览，与此同时，观众在一段时间里接受了大量的新信息，但最后留下的印象却很少，并且还会导致游客过多，给观众带来了很大的不便。

2. 数码按键语音导览方式

主要是用一台类似于手机的数字讲解器，按键选择解说对象，就可以用声音来播放事先保存好的解说内容。这种方法最大的优点在于，它不需要在博物馆中设置额外的设备，进行反复的调试，因此它很简单，也很易于推广。但是，它的功能很单一，只有声音，没有文字，也没有图像，因此，它给人的感觉也很浅层，因此，要想找到一种更加科学的引导方法，还需要继续摸索。

3.RFID 自动感应导览方式

这种方式的改进之处在于，它在数字按键语音导览的功能上加入了自动识别系统，更好地解决了人工输入识别信息带来的不便。但是，这种导览方式需要事先在文物旁边安装蓝牙、红外发射器或 RFID 标签等特定的辅助设备。由于不是所有的博物馆都可以在馆舍中设置这种装置，所以，它的普及与应用受到了极大的制约。以上几种导览方式均存在一些问题，如内容不够丰富，导览方式不够灵活，人机交互方式比较单一，使用者还需安装额外的辅助装置等，这些都很难满足观众的个性化导览需要。

伴随着智能终端硬件和计算机技术的不断进步，增强现实技术也渐渐走进了人们的视线，并走进了人们的生活。这种技术可以把电脑产生的虚拟环境与使用者身边的真实情景结合起来，从而加强并深化使用者对周边环境的认知，并让使用者对所参观的物体有更多的三维认识，让使用者可以更加深入地参与到游戏中，给使用者一种更加人性化的人机互动模式。与此同时，随着移动终端承载能力的增加和功能的提升，AR 技术的应用范围也越来越广。以智能手机为代表的移动增强现实，不仅具有增强现实技术自身的优势，而且还具有便携性、互联性和易用性等优势，由此可知，其发展前景非常广阔。本书中所说的移动增强现实，是指以智能手机为平台的移动增强现实。

总之，如果移动增强现实技术在博物馆导览中得到了广泛的应用，它不但可以为使用者提供更人性化的人机交互，还可以将与展品有关的各种信息以更直观的形式呈现给使用者，这种技术最直观的优点就是可以最大限度地满足观众的个性化导览需求，从而可以促进人们整体的游览品质和认知水平的提升，而博物馆新的导览方式的推出无论在理论上还是在实践中，都具有不容忽视的重要意义。

理论方面，把增强型技术运用到博物馆中，一方面是对博物馆展示的新模式进行了探讨，它改变了传统的解说式参观，为文物展示提供了一种颠覆式的展示方式；同时，将传统文化与现代科技有机地融合在一起的增强现实技术，也为我国古代文物的保护与传承提供了重要的理论依据。

实践方面，在博物馆导览中使用移动增强现实技术，可以很好地满足使用者的个性化导览需要，它不但可以为使用者提供更加人性化的人机互动方式，还可以更加形象、立体、直观地向使用者展现与展品有关的各种信息，比如文字介绍、图片资料、语音解说、视频及三维模型等。

（二）增强现实博物馆研究现状

1. 国外研究现状

在国外，人们对数字化博物馆进行了较早的研究。Burgard 等人是最早开始对增强现实博物馆进行研究的人，他们在 2002 年就开发出了一种交互式的博物馆参观导航机器人，这种机器人可以为游客进行文物介绍，从而在一定程度上减少了人力工作。但是，因为它的成本较高，灵活性不大，该系统并没有得到推广。

2004 年，基于 Burgard 的研究成果，Li-Der 等人开发出一套基于 PDA 的多媒体博物馆导览系统。首先，将相应的红外线传送器放置于各展品旁，若参观者手持 PDA 靠近展品，红外线传送器再将展品 ID 传送至 PDA，再由 PDA 经由展品 ID 取得相关展品的多媒体信息。本系统除提供传统的声音解说之外，还可以展示文物图片、视频等多种多媒体信息，从而推动了数字化博物馆的发展。

2005 年，Adriario Alberti 等人研制出了一套以计算机视觉为基础的博物馆导航系统，为 AR 博物馆的发展奠定了基础。它是一种基于色彩、明度、边缘等特征的数字图像处理方法。该系统使用 C/S 体系结构，利用无线无线网络技术，客户端与服务器端之间能够进行数据交换。

在 2008 年，Herbert Bay 等人以 Adriano Alberti 的计算机视觉引导系统为基础，研制出一种可交互的博物馆导览系统。系统基于 Table PC 进行开发，也是采用计算机视觉文物识别方法，即通过特征匹配算法来实现对文物图像的匹配。然而，本系统通过在馆内设置蓝牙发射器，确定观众的当前位置，降低了待识别文物的数量，使得文物识别的速度得到了一定的提升。

2009 年，Bruns 等人提出了一种以计算机视觉为基础的博物馆导游系统，叫作“Phone Guide”，它使用了一种轻量级的双层神经网络算法来实现对文物的识别，这种方法与以前的方法不一样，它使识别算法在移动端运行，无需通过网络就能实现对文物的识别。Phone Guide 使用了蓝牙发射器定位模块，这种方法可以使手机上的用户在收到蓝牙信号后就能找到观众的当前位置，从而降低了待识别的展品数量，加快了识别的速度。

2011 年，Jihyun 等设计并实现了增强现实博物馆导览系统，系统以 UMPC 为基础，利用超声传感器、电子指南针等对相机的姿态进行计算，通过视觉途径实现了局部姿态跟踪。

2013 年，由 Miyashita 等人率先提出的无标签混合追踪算法，在 Ultra Mobile PC 上实现了基于 AR 的博物馆导游系统。系统采用了 Inside-Out 的无标记追踪方法，结合传感器的追踪方法，来实现对目标的辅助识别，解决了过去因为文物特征信息过少而不利于跟踪的问题。

2. 国内研究现状

通过以上分析可以看出，在国际上，关于 AR 的研究起步很早，发展也很快。

然而，当前我国对以增强现实为基础的博物馆导览的研究才刚刚开始，且多是针对大学、研究所，至今尚未将商业化的增强现实用于博物馆导览。

2009 年，由成都电子科技大学的杜风仪等人开展了将 AR 技术用于博物馆导游的研究工作，设计了基于视频透视技术和人工标志物的增强现实技术的博物馆展示系统，系统使用人工标志物的跟踪注册算法。

2012 年，北京理工大学郭俊伟等人开发出了基于便携式 PC 的移动博物馆导览系统。具体分为离线处理和联机处理两个阶段：离线阶段，建立展品的关键帧数据库，通过仿射变换产生海量的图像样本，通过随机树算法展开有监督的学习，构建特征库，并构建随机树分类器。在线阶段，使用基于随机树的模式识别和分类算法来构建关键帧特征匹配集合，并选择内点数最多的候选关键帧，然后使用 RANSAC 法来计算对应矩阵来实现对目标的追踪注册。

二、增强现实技术及相关技术概述

（一）增强现实技术

增强现实（AR）是由虚拟现实（VR）技术发展而来的。二者之间的不同之处在于，VR 技术是利用计算机构建出一个完全虚拟的沉浸式环境，从而让用户能够感受到虚拟世界的存在。而 AR 技术则是将计算机生成的虚拟信息与现实生活中的真实世界相结合，将现实与虚拟进行了有机结合，从而给用户带来了更好的沉浸感和体验感。所以，我们可以说，它是一种基于 VR 的技术，是对现实世界的虚拟补充。

移动 AR，就是基于普通的可移动设备来搭建可移动的 AR 系统。随着各种可移动设备如笔记本电脑、智能手机和 PDA 的迅速发展，AR 技术也日益引起了人们的重视。但是，由于移动 AR 技术发展的时间和硬件条件的限制，移动 AR 技术的发展还有很大的空间。相对于传统的虚拟现实技术，移动 VR 技术具有很好的灵活性，使得使用者可以在室外自由活动，同时又不会影响到系统的正常运行。从以上情况来看，移动 AR 系统能更好地帮助使用者在工作场所的工作，应用范围也更广泛。

随着 AR 技术的不断进步，AR 技术已经被广泛应用到医疗、生活、娱乐、教育、军事等各个领域。比如，在医学上，通过 AR 技术，可以把 CT 的 3D 影像信息与病人身体各部分重叠起来，然后根据影像中的提示进行手术。在生活、娱乐方面，比如在体育赛事的电视节目中，会有一些提示性的信息。在教学上，通过 AR 技术，可以实现对现实生活中的场景和物体的讲解。在军用方面，它能够在驾驶员的实际视野上叠加导航和目标跟踪等信息，从而提升驾驶员的作战效能。

（二）无线网络定位技术

最近几年，无线网络技术有了很大的发展，笔记本电脑、智能手机、PAD 等移动设备都具有无线网络功能，通过无线 AP 的无线网络网络接入点分布在各办公环境、酒店、学校、医院、咖啡厅等地方，无线网络信号在人们的生活中被广泛地覆盖。

随着基于位置的服务（Location Based Services，LBS）的普及，人们对定位服务的需求也在不断增加。比如，商场购物车的定位、旅行路线的导航、客户的消费习惯的收集、实时的位置广告推送、周边的店铺推荐等。然而，GPS的定位精度仅限于在户外、开放的情况下，而当移动终端在室内时，其精度就不能得到很好的保证。所以，以GPS定位的缺点为基础，从部署成本、定位精度、传输速度等角度来看，无线网络定位技术在室内定位中拥有一定的优势，而且它的发展前景十分广阔，被许多厂商看好。

在无线网络定位技术中，传播模型定位法和指纹定位法是两种主要的方法。其中，三角定位法是传播模型定位法中的一种，它是根据移动终端到至少三个已知参考点之间的距离，结合传播模型，通过几何知识计算出目标位置。指纹定位法，需要经过培训，来采集室内不同位置的网格信号特征，并组成一个指纹库。在用户需要定位的时候，可以把接收到的信号跟指纹库中的各个数据项进行比较，最后计算出用户的位置。

（三）跟踪注册原理

在AR系统中，要使虚拟信息与现实场景相融合，就需要对环境对象进行跟踪注册，也就是对目标对象的识别，以及相机与目标对象之间的相对位置关系的计算。在此基础上，通过获取当前相机获取的实际场景信息，并基于此，构建虚拟对象和真实场景之间的映射转换模型，并将转换结果与实际场景进行重叠，实现AR场景的几何一致性。其中，视频图像的处理、相机的成像模型、图像坐标系、世界坐标系、相机坐标系的变换是相机坐标系的重要组成部分。一般而言，对于图像参照模板的特征点检测、特征点匹配与虚拟物体定位跟踪过程，我们称之为跟踪注册过程。

（四）特征点检测

在计算机图形图像学中，特征点一般是线段的终点、曲线曲率最大的点、图像的极值点或者是水平（或垂直）方向上属性最大的点等。有时候，特征点又被称为角点、兴趣点。从特征点的定义可以看出，特征点是一幅图像中最主要的信息，它是图像中最主要的特点，所以，特征点是图像处理中非常重要的一环。因为特征点是图像最重要的特征，所以可以用特征点取代对整个图像进行处理，这将大大降低图像中所包含的信息量，并加快计算机图像处理的速度。

特征点探测，即从图像中提取或提取特征点，并用特征点来替代图像整体。在计算机视觉中，特征点的提取和特征点的匹配是必不可少的。该方法在目标检测、目标跟踪、3D 识别等方面有着广阔的应用前景。

第三章
博物馆数字化建设影响因素及发展路径

第一节　博物馆数字化的驱动和制约因素

随着数字化的快速发展，数字技术在博物馆中的运用日益广泛，其发展前景也越来越广阔，关于数字技术的探讨也越来越多，其中以计算机技术和应用方面的探讨为最多。鉴于历史的原因，当前中国博物馆的数字化进程还存在一定的局限性。当前的首要任务是首先认识到这些制约因素，进而找到相应的对策，如此才能更好地推进博物馆的数字化建设。在此背景下，博物馆数字化转型存在多方面的驱动因素。

一、博物馆数字化转型的驱动因素

在博物馆数字转型发展的进程中，将会有多方面的动力。一方面是外在的原因，由于互联网的不断发展，许多观众能够快速地获取到有关的内容和信息，然而，我们要想了解我们国家的传统文化，光靠网络是远远不够的，还需要通过博物馆来进行传播，因为它是中华文明的载体。由于博物馆主体的特殊性，许多珍贵的文物仅能通过图像进行传递和沟通，已不能满足现代青年的需要。另一方面内在的原因是我们之前提到的对文物的保护，许多地方的博物馆既要面对着对文物进行修缮，又要应对建筑进行修缮的压力，同时还要随时担心观众在参观过程中对文物造成破坏。

（一）外部推力：公众需求

故宫博物院在多年前就开始了数字建设，也是国内首个实现数字建设的博物馆。在此过程中，故宫数字转型面临的“软件”不足、“虚有其表”等问题，致使故宫数字运营很难有效地满足大众的需要，所以，各博物馆的数字建设必须围绕大众的需要开展一系列的工作。

第一，各国博物馆应加强对受众，特别是青年受众的研究，以适应时代发展的需要，引进新的娱乐活动，使之与时代同步。比如，可以通过动漫等方式对传统文化进行解读，也可以通过创意作品引起观众的关注。比如故宫官方网站，就曾经发布过一部动画，叫作“故宫回声”，用动画的形式，来展示中国的历史，而《太和殿脊兽》，则是根据故宫的建筑，制作出来的一款故宫小游戏，这两部动画，都将现代的宣传手段完美地融合在一起，同时也是一种很好的文化传播。

第二，由“实物导向”向“信息导向”、由“线下服务”向“线上服务”的延伸。近年来，许多传统的博物馆都开始限制每日的观众数量，往日的人山人海景象也越来越少。在这种情况下，各大博物馆都能利用网络服务，有效地扩大自己的空间，超越时间的限制，同时，还能利用一些文化传播的综艺节目，来增加自己的知名度。例如，央视《传播中华文明之美》，优酷《闪耀吧，中华文明》，都能让观众对文博知识有更多的了解，从而解决自己不能亲临现场的问题，这也是一种新的综艺经营模式。

第三，科技的发展对各行各业都有巨大的好处，同时，通过 5G、人工智能等新技术，博物馆也能将科技与文物相结合，把高科技运用到博物馆的建设中，既能保护好文物，又能完成弘扬中华优秀文化的历史任务，也能让博物馆更好地适应时代发展的需要，更能满足大众的需要，更能满足市场的需要。

（二）内部拉力：文物保护需求

2016 年，一部名为《我在故宫修文物》的纪录片，在网络上引起了广泛的关注，使文物的修复与保护问题实验受到关注。首先，许多文物历经漫长岁月才得以保存，想恢复其样貌，几无可能，唯有借助现代的科技才能做到，例如中国敦煌的壁画，在数百年间，随着时间的流逝，已保留其渐渐失色变形，因此，许多专家都在尽自己全力，保留其颜色和纹路，让它们永远地留在这个世界上。此外，线下观众参观时，很可能会对文物造成损害，且很难以及时进行保护。通过一些 VR、虚拟互动技术等方式，不仅能够保留最真实的感受，还能够保护文化遗产的相对安全。与此同时，利用信息技术，还能够方便快捷地对文化遗产和建筑进行修复，从而提高管理效率。

二、博物馆数字化建设中的制约因素

（一）运营观念差异

数字媒体的迅猛发展，极大地改变了人类的思考模式和生活交流模式，博物馆在数字化转型的进程中，以最前沿的数字化思想，不断将各种资源元素数字化，且在大数据环境下持续地进行创造、传播和共享，不断地提升着博物馆的社会影响力和受众影响力。然而，以博物馆的本体传统为基础，传统的博物馆发展模式被先进的数字技术不断打破，这在客观上引发了博物馆管理的迭代更新、转型或融合的问题。这一转变或融合，与几百年来对博物馆发展、经营的传统理念相异甚至相抵触，是博物馆首先要跨过的认知门槛。唯有认识到博物馆必须从资源、条件、观众的文化需求等角度，理性、客观地看待这种改变，才能使数字转型与创新的效率与品质得以提高。

（二）价值观念冲突

“观念的贫困是最可怕的贫困”，当今世界上一切新事物的成长，都离不开科技的进步与理念的革新。与此相类似，落后的、陈旧的观念模式一直是阻碍各类新兴事物健康发展的重要原因，在我们国家，某些落后的观念对新型的博物馆数字化发展造成了很大的不利影响。博物馆数字化是以数字资源为基础的一个运作过程，它自身蕴含着丰富的信息、知识、规律和智慧，它的价值体系不同于传统的博物馆所表现出来的文化价值观，它是整个博物馆实力的主要构成部分。博物馆信息资源的空间开发潜力是无限的，它没有竞争关系，它的价值不会被削弱，它可以与其他的数字资源融合，产生新的价值和效应。然而，尽管这一独特的特色与优势，但仍存在着数字资产地位的确立、数字知识产权的界定、信息数据的安全隐患、信息数据的传播障碍、数据的共享、数据的安全隐患以及保护机制的普遍失效等现实问题。因此，这个行业迫切地需要建立一系列的数字知识产权和系统的知识规范，只有这样，才能满足博物馆数字化转型与发展创新的需要。

（三）本末倒置：数字技术滥用现象

故宫博物院作为先行者，率先实现了数字化，随后众多博物馆也纷纷跟进，将数字化技术应用于展览、建筑等领域，持续引领着世界范围内的博物馆数字化潮流。然而，我们应当认识到，数字化仅仅是博物馆发展的一种形式或一种手段，而并非最后的目标，有些博物馆是在没有考虑到这一点的情况下，才被卷入了这一波的浪潮之中。部分博物馆的展示方式过于新颖，对数字媒体所带来的感受和体验存在错误的解读，这不仅会削弱各类文化资产所具有的文化艺术魅力，还会不可避免增加博物馆的运营和维护成本。陆建松认为，现代博物馆的陈列方式中，往往存在着对新技术和新方法的不当运用和误用，即对所收藏的文物进行无差别的运用。当数字变成了一种“目标”后，无论是技术还是内容，都会显得浮华化、娱乐化，追求视觉上的“观赏性”，有损于博物馆的实质，削弱了它的严肃与历史价值。数字化技术在文物展示中的运用，应该建立在对馆藏文物进行精确展示的基础上，防止数字化技术对文物自身所散发出的文化价值进行过多的介入，进而使其丧失了传承的地位。

（四）数字化人才匮乏

要实现博物馆的数字化部署，要求工作人员既具备专业的技术知识，又掌握对文物的保护和管理方面的知识。此外，还需要对各种文化遗产的特征有一个清晰的认识，这样才能在平时的工作中作出自己的判断，才能避免出现不规范的情况。另外，当出现破损或其他问题时，就必须对其进行主动管理，以对其进行保护。很多地方的博物馆，特别是中小型博物馆，缺少专门从事文物保护与管理工作的专门人才，很多博物馆的文物保护工作的骨干人员没有隶属于专门的组织，或是被暂时派往博物馆。我们必须认识到，博物馆不能为了数位而数位，更不能只做数位。博物馆所要做的，就是理解人与数字技术的区别，界定博物馆工作中人与数字可能的相似点，在发现相似点的同时，保持不同点，将相似点尽可能地数字化，把不同点留给更有智慧的创造者和研究者。博物馆应着眼于未来，培育具有创意思考能力及跨界融合能力的数位专才，因为这些专才是数位转型及革新的重要人力资源。这样，才能使博物馆在革新的过程中，尽可能地达到无障碍的传播效果。

由于收藏数字化的发展速度很快，所以在博物馆这个领域里，既没有一个合理的行业标准，也没有一个专业的人才，因此，相关的研究滞后，造成了在后续执行中的种种问题。比如，国家博物馆研究所在 2021 年初发布的 300 个博物馆在线资源中，我们就发现，其中有些资源，比如在线展览、数字全景场馆、数字文化遗产展览等，在发布时并没有对它们进行严格的定义和界定，行业标准的缺乏很容易导致混乱，这可能会对博物馆的生态发展产生严重影响。我们应当从不同的层次上，对如何以现实为基础，来满足人民群众新的审美需要和精神满足的需要进行深入的研究。怎样才能从制度上看清楚前进的方向，更好地运用科技为人民服务，从而强化博物馆数字化全方位的理论探讨和发展方向。

第二节　博物馆数字化发展的现实意义

一、以文化传承为目标的博物馆数字化发展实践目的

一百多年来，全球的经济转型与社会转型，经历了从蒸汽、电报到互联网的时代，使得博物馆得以聚集、吸引人，并以一种独特的、持续成长的、智慧的新势力，在这个多元的世纪里不断聚集人气，并蓬勃发展起来。观众也越来越喜欢并习惯于通过博物馆的各种展品以及独特空间来感受历史的力量与文化的魅力。与此同时，在 5G 移动互联网、AR、VR 等数字信息技术逐渐成熟的情况下，博物馆的内容传播方式也呈现出对文物实体数据的迫切需要，而通过这样的文物数据库的逐渐构建，在今后的发展中，博物馆核心文物资源的发展将是一个很大的趋势。利用这些数字技术，博物馆能够对传统的展示方式进行改进和补充，持续提升公众对文物的信息接收能力，在更大程度上超越有限

的二维现实空间。在多维视觉中，对人类大脑和文化审美有更好的理解，提高公众的审美和文化价值观，获得更好的精神空间体验，指导数字博物馆更实际地解决问题。

（一）运用数字化技术解决博物馆藏品保护问题

文物是历史的见证，是文明的载体，而博物馆的收藏又是博物馆的中流砥柱，因此，为了更好地对其收藏进行保护与管理，使其宝贵的财富得到有效的利用，就必须对其进行持续的探索。我们国家有着悠久的历史和丰富的文化遗产。在漫长的历史长河中，受自然环境和人为因素的影响，很多文化遗产都会遭受到不同程度的损害，这些损害是无法挽回的，尤其当其所承载的历史、文化、科学等方面的信息受损时。在数字时代，探讨数字技术在文物保护、管理和利用中的应用，既必要又迫切。巴西国家博物馆在 2018 年 9 月 2 日发生的一场大火中，这个拥有 200 余年历史、2000 余万件文物的国家博物馆被彻底摧毁，同时也焚毁了大量具有重要文化价值和天然价值的文物，造成了极为严重的损失。用数字化的方法对珍贵的文物进行保护，构建一个较为系统、完备的文物资源数据库，使收藏在博物馆中的珍贵文物获得一种全新的储存与传播方法，使其焕发出新的生机。

（二）利用互动媒体吸引受众参观，更好地为公众服务

很多老旧的展馆都是以文字和老照片为主，讲述的都是枯燥无味的历史，而且都是单向的，对年轻人吸引力不大，所以观众并不多。基于罗伯特·海曼“Edutainment”（education+entertainment）理念，上海师大奉贤校区校史馆为解决容纳能力不足的问题，在充分利用触摸式多媒体技术的基础上，创新地在校史馆内引入交互式多媒体技术，将与学生有关的内容融合，通过媒介的设计来激发学生对博物馆的兴趣，将校史馆建设成兼具有教育意义的场所，充分发挥博物馆的传播和教育作用。2019 年 7 月，故宫博物院数字文物库正式开放，引起了广大网民的关注和热烈讨论，同时也加速了“数字博物馆”的概念升温，并得到了广大网民的一致好评。该数字化文物馆藏有 26 种类型的文物，186 万余件，图片 5 万余幅，可满足广大观众，尤其是部分文物爱好者，博古赏新，学习研究的需要，为广大群众提供了方便。

如今，博物馆的展览与活动能发挥教育与娱乐的双重功能与意义。数字时代使大众的思想与行为发生了巨大变化，博物馆若仍按照过去的展示与运作模式，不仅不能达到预期目标，而且对大众的影响力也将大打折扣。数字化是博物馆发展的必然趋势，也是博物馆发展的必然要求。

（三）运用先进技术满足多种展览模式，符合时代发展趋势

数字博物馆借助其中的互动设施，充分激发了当代年轻人的参观兴趣与体验感受，这些年轻人对新事物的接受度较高，而且他们的动手操作能力很强，可以很快上手。此外，博物馆还要接待一些旅游团和领导群体，这些人的年龄可能比较大，时间比较短，操作能力不强，所以需要工作人员陪同讲解。如果博物馆实施先进的多媒体中央控制系统，进行综合互动控制，并使用带有照明、显示和互动多媒体内容的网络开关进行中央控制，在 iPad 上进行终端操作，直接控制页面，在讲解内容和多媒体的同时可以实现网络浏览，那么讲故事的人只需要根据现实模块触摸屏幕即可。同时，当投影机投射到大荧幕上时，还能与当地的关键灯光相结合，极大地提升参观者的参观效率。在南京博物馆的入口，不仅有一名解说员在为观众提供服务，而且还有多名专业的语音导览员提供服务。当观众不需要解说员，但又想要详细了解一件文物信息时，他们可以租赁一套解说设备，戴上耳机，就能听到对这段文物的讲解，从而让观众对这段文物有一个更好的认识，可以满足不同群体的需求。

（四）打破时空限制，扩增展览空间

由于一些特定的原因，博物馆的馆藏物品都被放置在一个封闭的展柜中，这样，人们在参观的时候，只能看到一部分文物的一些侧面，这就造成了对于那些独具匠心的文物难以全面观察与想象，故而就需要借助简单的视频展示或 360° 无死角的视角，以便观众能够更好地了解文物。有一些博物馆，因为地处闹市区，所以不能将所有的收藏品都展示给观众。比如南京博物馆，在每个展厅里都会有一个专区，用来存放一些外形相似且价值不高的收藏品。上海师范大学奉贤校区的校史馆，由于面积不大，需要展示的东西很多，因此在新媒体交互系统的帮助下，得以实现。除了照片之外，博物馆还可以通过录像、3D 模型等手段，让观众能够 360° 无死角地欣赏到这些文化遗产，加深对这些

文物的理解。借由专业的技巧，对展场进行更多的优化与安排，提升观众对展场的整体观感。

在解决文物展示问题的同时，我们也应看到在不同时期的角色变化及科技对其展示的新助力。文物从产生之时起，主要是为了观赏、玩乐和社会意义，而从博物馆出现至今，大部分的文物都是放在那里，它的作用也是建立在静态观察的基础上的。因此，利用数码资讯科技来提升文物的展示效用，加深文物的资讯内涵，并将其推广至大众。在博物馆的收藏品被数字化之后，它们就变成了一种可以被广泛保存和流传的资讯。与此同时，由于交互式的视听媒介在现实的展示空间中的引入，大众的观赏和观看手段又一次出现了多元化。科技的持续变革与发展，使人们的生活理念、认知和获取知识的途径都有了巨大的改变，通过新的媒介技术加工的知识更易于被人们所接受，也更能向更多的人传播。2018 年，故宫博物院举办了一场《清明上河图 3.0》的交互式艺术展，采用 360 度全景、全息、交互式、4D、3D 等多种技术，为观众带来了一种真实感，这种真实感使观众与观众之间的关系变得更加紧密，既保持了原作的审美价值，又能让观众更加深刻地体会到古物的意义和价值，从而激起人们对古物的审美情趣，提高了古物的实用性，并将其与当代环境相融合，以创意、交互式的方式，提高了博物馆的审美教育作用。

二、新媒体传播属性与博物馆文化属性之间的联系

随着新媒介时代的到来，数码科技已经深入人们的日常生活之中，并深刻地影响着人们的生活方式和社会的发展变化。在当今社会，人们能够在互联网上找到需要的、感兴趣的、有价值的文化资讯，这正是互联网资讯科技发展的产物。与传统的旧有传播方式比较，新媒体平台具有传播更方便、更广泛、层次扁平、互动性强等特征，更好地模糊了不同阶层、不同年龄段、不同话语体系和不同文化背景之间的边界，为传统文化的保护和传承提供了有效的工具和支持，推动了传统文化的更好传承。

在优秀传统文化的传承中，博物馆有着举足轻重的作用。将传统博物馆相关内容以新媒体数字形式呈现，建立一个综合性的数字艺术博物馆，通过实

物模拟、声音、摄影、视频等方式更全面地展示传统文化。在这样的数字博物馆中，人们能够直接听到由数字播放机所发出的声音，利用 VR 技术来触摸文物，利用数字视频技术来观看传统艺术的表演，从而深化对传统文化和古代思想的认识。以数字化技术为基础的智慧博物馆的建设，可以为我们提供一种更加直观、系统化、生动化的文化展示方式。在此基础上，如何进一步借新媒体技术优势来创造新文化遗产的表现形式成为重要课题。

（一）发挥新媒体的“技术”属性，创新文化遗产表现形式

从远古到现在，中国人对传统文化的继承和发扬一直延续到今天，这是一种源远流长的文化。时至今日，各种媒介也已成为资讯传递的重要工具。其时效性、便捷性和无处不在的特点，使人们能够很容易地获得各类资讯，并且增强了他们对于资讯本身的兴趣。在新媒介的冲击下，中国传统文化保护工作加快了对传统文化保护工作的融合，并为其开拓了新的传播途径，使其更加有效、更加多元化。

1. 虚拟人物的推出

媒体是人的感觉的一种扩展。在新媒体时代，数字技术和触摸式媒体突破了传统媒体时间和空间的限制，越来越普及，文化传播的渠道也越来越多。在这场疫情的冲击下，各大博物馆都在寻找一条向上的道路，他们将目光投向了“云端”，积极地把握着机遇，拥抱着新的科技。中国第一位虚拟数字人“艾雯雯”凭借其生动、能引起共鸣等特性，在全国范围内“出圈”，吸引了众多粉丝的搜索与关注。

2. 复杂视觉的展现

5G 和 VR 技术的飞速发展，让许多想象变成了现实，也让许多博物馆中的藏品，以一种完全不同的方式呈现在世人面前。湖南省博物馆采用 AR、VR 等技术，通过 3D 图像生成技术，重现宋代人民的“慢生活”；巴黎博物馆通过 Holo-Lens2 借助 AR 技术对已经消失的生物“复活”出来，开展浸入式展览，通过 AR 技术，将已经消失的生物进行“复活”与“虚拟复原”，开展浸入式展览，通过“非线性”的叙述方式，让观众可以在虚拟世界中自由穿梭，穿越历史，感受历史的辉煌与宁静，营造出一种积极的文化氛围。

3. 跨界结合展现

仅仅依靠技术的形式转化，这是一种相对单一的表现方式，还会让人产生错觉，认为这是一种炫技的危险。因此，在数字化发展的过程中，博物馆可以将馆藏的文物与其他平台展开跨界的合作，一方面，它可以很好地展示文物的藏品，另一方面，它也可以赋予文物新的生命力。美国纽约大都会博物馆日前举办了一次虚拟展，展出了 40000 余件与热门游戏相关的物品，并以此为基础，利用虚拟展中的二维码，将收藏品导入游戏中，再转换到各个平台、各个场景，从而突破了空间的限制，吸引了众多不同学科领域的专家、学者、观众，促进了文化的普及，也给博物馆带来了一种全新的体验。

（二）发挥新媒体的“平台”属性，增进人在空间中的“服务体验”

在社会发展过程中，人们对传统文化的认同也发生了变化，由过去的被动接受转变为积极地参与文化的传播与塑造。新媒介的发展让文化的交流变得更为广泛，并使人们的社交与交际活动得以深化与扩展。伴随着新媒体技术平台的兴起，传播的虚拟性极大地淡化了人们的真实身份、个性和年龄，让他们能够依托于网络等虚拟空间来进行沟通，进而更多地享受到根据他们的个人喜好而定制的产品。新媒体平台的平台属性是为人们提供了一个技术平台。这样，普通的观众就可以在这个平台上发表自己的观点，接收到即时的新闻动态，表达出自己最真实的情绪，享受到新媒体技术带来的便利。例如，当前社会生活中流行的微信、微博、贴吧、论坛等，都是与现代受众需求相结合的媒体社交平台，在特定的环境下，文化交流的主客体，以及他们传播文化的方式，通过互动得到了优化。新兴的数字化媒介的发展，为广大人民群众的个人发展提供了广阔的空间与平台。例如，央视早些年推出的《经典咏流传》栏目，就采取了一种“1+N”的跨屏幕互动方式，即在栏目播放的时候，可以让更多的观众在短时间内，通过一次抖动，将栏目中的内容与大家一起分享。节目中所播放的每首歌曲都包含定制的新媒体产品，如微信文章、节目音频和 H5 互动，可以让观众在屏幕之间产生上百万次的互动，达到分享的效果。同时，只要扫一扫二维码，就能找到心仪的歌曲，聆听他们的歌声。利用歌曲合成和语音识别技术，将传统文化与新媒体技术巧妙地结合起来，让每一位观众都成了经典传统文化的演绎者和传播者，并借助媒体技术产生出满意的传播内容。借助新媒体技术，博物馆能够突破空间束缚，充分发挥观众的主观能动性，使馆藏资源焕发出新的生机。例如，北美最大的百科全书美术馆，美国纽约大都会美术馆，于2015年2月推出了一条“Met Met Open Access”（MetMet）的新规定：任何人都可以免费访问“THEMET”这个名为“MetMet”的网站，在不经过美术馆同意的情况下，可以随意浏览博物馆的网站，查找图片，下载图片，商业及非商业用途皆可免费使用，无需博物馆方许可。

（三）发挥新媒体的“文化”属性，促进藏品跨空间的“文化交融”

1.新媒体平台作为桥梁纽带

新媒体平台不仅具有“娱乐”的作用，更具备独特的“文化”作用，对博物馆数字化建设起到了举足轻重的作用。数码技术能使收藏品蕴含的人文故事和文化内涵等深深扎根于大众的记忆中，让其“活”在大众的心中。比如，利用三维可视化技术，对文物进行全方位、多角度的细节展示，能够拉近人们与文物的距离；采用VR技术，将历史情景再现，让观众在过去和现在之间穿梭，更能感受到与历史文物互动的快乐；此外，以VR为基础的沉浸式剧本杀，以及互动的数字文创，能让主流受众更加深入地了解到传统文化，为大众提供了标准化、均等化、便捷化、社会化的服务，使大众能够更快地获取自己所需文化。AI数字机器人能够向观众提供更专业的个性化藏品讲解，让他们能够轻松地为观众解答疑问。VR技术还能够创造VR互动小游戏，激发空间中人与人的全新社交碰撞。新媒体平台所具有的文化属性，可以为传统文化的传承与创新打开多种融合通道，并在此基础上搭建起一座行之有效的桥梁。

2.新媒体平台促进知识探求

随着新媒体平台的普及，传统文化传播变得更加便捷和快速，可以与受众在不同的终端上进行沟通，而广大的受众也可以在移动平台上随时随地地了解传统文化相关的信息，并依场景的变化调整文化内容。例如，《南京早报》在春节期间举办“城门贴春联”活动，通过网络直播转播活动实况，利用多媒体的手段，将南京的古城墙、古遗址等文化表现出来，同时让观众对全国各地的古典文化有一个直观的认识，从而提高他们的文化认同感和国家认同感。《上新了，故宫》《我在故宫修文物》这两个节目，都是以故宫博物院为主题的，可以在各种视频网站上搜索，让那些未第一时间亲临故宫甚至未亲眼见过故宫的人，可以在手机上看到这两个节目。甚至有一个95后的女教授，模仿了李清照的风格，将时尚和传统结合在一起，这种形式的视频，比起那些死气沉沉的教科书，更能吸引人的眼球，让人们重新认识到中华文化，建立起一批新一代的文化自信。

中国互联网络信息中心（CNNIC）发布的最新报告显示，截至2022年6月，移动互联网用户达到10.51亿人，移动互联网的普及率达到74.4%，移动通信的基础设施得到了充分的普及，移动通信用户的数量也在不断增长。在此背景下，新媒体技术改变了传统的“平面化”的层次式传播方式，形成了以“观众”“赋能者”“舆论领袖”为主体的博物馆传播新生态，并通过新媒体平台将其传播环境从馆藏空间向观众空间的任意空间扩展。基于这样的认识，博物馆应该对其有新的认识，有新的行动；博物馆的内容必须与时代同步，并与观众形成一种平等的合作关系。伴随而来的新媒体平台，是一种新的交流积累与迭代。

第三节　博物馆数字化建设措施及发展趋势

一、博物馆数字化建设应用举措

（一）数字展示：利用多媒体技术优化博物馆展示（从外部力量到内部文化蓄力）

由于传统博物馆在开放时间、展示空间等方面的特殊性，其对文物的展示存在着一定的局限性，无法满足观众对文物知识的探索与理解。所以，现代的博物馆可以对文字、声音、图像、动画等元素的多媒体数字应用进行改造和创新，为广大观众提供一个自助参观、互动交流的多元化环境，从而构建出一个崭新的多功能的数字展示和信息平台。利用各种现代科技手段，可以使博物馆发挥出最大的效益。在此基础上，通过对馆内建筑进行三维模拟与3D效果，让每一位观众都能感受到更为真实、逼真、强烈的信息；通过多维度技术，如4D图像、3D全息扫描等，重现各类历史事件，模拟和重现社会与历史发展情景。这将为中外观众带来更真实的视觉感受，更清晰更全面地认识中国的历史与文化，更深刻地认识展览中的实物影像所折射出的文化宝藏。除此之外，还可以使用数字计算机技术来进行博物馆的数字化建设，将博物馆的各种原始电子数据档案以及展览藏品的多媒体图像数据实时地上传或传输到数字计算机网络系统中，这样就可以在博物馆的物理网络中，实时、完整、准确地展示馆藏物品，让观众能够在数字网络空间中，与其进行自由的互动欣赏。数字技术是博物馆数字化发展的应用基础和必要的硬件，它将成为数字藏品从产品层次到产业层次的一个重要因素，也是从设计概念到实现落地的一个实际门槛。

（二）数字管理：让博物馆藏品智能管理成为新的模式

对馆藏文物进行数字化管理，具体包含了诸如计算机多媒体、数据库和数据压缩等技术工具。利用传统手段，将文化遗产信息进行收集，然后转变成以电子格式记录。利用纸质数据库的记录和目录管理，进行清点库存、查询服务、统计核对、打印表单等一系列的业务工作。从而，可以极大地提升文化遗产管理人员收藏管理工作的质量和效率，改善工作方法和条件。简单来说，就是运用现代信息技术，以一种全新的方式来进行藏品的保存工作，这将极大地提升工作效率，减少不必要的损失。通过对文物收藏进行数字化管理，一方面可以大幅减轻工作人员的工作量，利用电脑来进行书写非常方便，操作起来也很容易，不留下任何痕迹。此外，对字体规范的显示和打印都很清楚，可以方便地进行阅读；利用扫描仪等高效率的手段，可以快速地拷贝书写文字，在与人工抄写同样长度的情况下，书写工作强度远小于人工抄写，这样可以节省时间。另一方面，方便了文物信息的规范化和永久保存，在有必要的时候，还可以快速地获得文物藏品的信息，进而实现了对文物藏品的规范化、规模化和智能信息化的管理，构建出一个智能化博物馆创新的新模式。

（三）数字导览：助力公共文化服务质量的提升

以博物馆的核心需求为基础，构建一套完整的智能化系统，推动数字化的建设，其中，作为前期和全程的智能语音导览系统是不可或缺的。观众可以通过手机查看 2D 或 3D 地图，在相应的操作栏输入目的区域后即可获得全程语音导航，靠近展品时将详细的语音和文字描述传送到用户手机，实现智能化监控。此外，它还能对珍贵的展品设置电子栅栏，实现对展品的实时监控，一旦展品被损坏或者被偷窃、被搬离了安全区域，它都会自动报警，让工作人员在第一时间作出应对。通过将文物的位置与定位显示在手机上，访问系统可以对观众访问行为进行实时追踪，使得博物馆可以对特定日期内的访客数量进行采集与统计，对展览进行合理的布局，从而为观众提供更好的服务。

（四）渠道发展：利用媒体矩阵拓宽藏品利用渠道

随着网络技术的发展，人们的沟通也发生了质变，以前依靠邮件、电话甚至传真的沟通方式已经一去不复返，如今人们可以通过多种途径与自己的好友进行沟通，人们可以在一个熟悉的平台上与好友进行沟通，而不需要长时间的等待，就能随时了解好友的动态和看法。现在的博物馆数字化建设也是一样，可以利用门户网站、社交网络、即时通信、移动 App 等组成新媒体矩阵，对文物藏品的展示渠道进行持续创新。现代科技的发展，让观众不仅能够在线下进行现场参观，还能够利用各种形式多样的信息化传播媒介，例如线上虚拟场馆、个性化小程序、App 等，让博物馆的服务不再局限于线下的实体空间，观众可以随时访问并与博物馆的线上内容进行交流互动，让藏品与人们的生活和休闲都有着密切的联系，并进行持续的联结，这也会在无形中吸引那些没有接触过相关文博领域的博物馆的潜在观众。例如，敦煌研究院与腾讯合作，开发了一个名为“云游敦煌”的 App，通过这个 App，可以将政府档案中的文物资料，变成可收藏的、可追溯的文物，观众借此亲眼目睹敦煌的历史，学习、认识岩画，还可以参加一些政府组织的活动，例如为敦煌莫高窟点上一盏灯笼，把灯笼的故事流传下去，还可参与敦煌的网剧配上一段时间的配音。利用各种途径的发展，让博物馆文化能够在无形之中进入人们的文化生活之中，更好地引导着数字技术在文化创新领域的变革和创新。在实现博物馆数字化建设的多种传播创新之余，人才培养也是至关重要的一环。

（五）人才培养：多举措发展高水平人才

博物馆作为中国大众文化中的一个重要部分，其教育功能、鼓舞人心功能日益突出，其建设重心应当由“技术”转移到“人”上来。一方面，做好数字化服务，更好地服务大众，强调以用户为中心；另一方面，要培养数字人才，使其在收集、归档和管理数字信息和藏品方面起到更大的作用。首先，要鼓励各大学加大对文物数字技术的研究与教学力度，扶持文物数字技术学科的设置，鼓励文物数字技术专业的设置，以及与文物数字技术相关的学科之间的交流与协调，同时，也要加强文物数字技术方面的专业知识与课程设置。要从学校着手，培养具有较强跨学科能力和综合素质的数字化人才。

我们要持续为对博物馆数字化有兴趣的人员营造一个良好的学习氛围，搭建一个有系统的博物馆数字化线上线下培训平台，鼓励出圈的博物馆通过视频、音频、文字等方式，将自己的数字化专业知识通过视频、音频、文字等方式进行分享，并定期组织线下活动，邀请有经验的馆藏人才来进行日常工作交流，为博物馆数字化建设培养更多的优秀人才，让大家都参与到数字化的建设中来。

（六）价值重塑：破除体制机制障碍，打造新的传播革命

传统的博物馆职能和管理体系，与科技驱动的数字化过程已经存在了巨大的差异，过度关注过去落后的制度体系，已经成了制约博物馆数字化发展的枷锁，我们应该在新的时代背景下，以新的发展理念为出发点，构建新的通信革命。在产业层次上，从整体上来看，文化产业是一种“内容”的产业。伴随着科技的发展，数字化制造在博物馆行业中的应用，文化创意内容的生产和传播也发生了革命性的改变，在继续并完成文化传承和教育的历史使命的同时，还创造出了新的价值，建立起了历史文化与新时代的密切联系。传统的价值观和制度已经不再适应现代博物馆的发展，随着新媒体技术的不断涌现，博物馆行业中原来的界限也在不断消失，更多的产业外机构，特别是网络公司，开始进入文化创意内容的传播和创作中。故宫、敦煌由于其高度的可识别性，在数字方面的发展可谓如日中天，而这又与其二类公益事业的特性密切相关。公益二类事业单位的名称，对博物馆的约束比较小，这也给了博物馆更大的自主权，并逐步发展与之相关的周边文创产业，以支持数字化建设的投入。此外，随着社会媒介的普及，人们可以更加直观地接触到具有“基因”特征的文化内

容，并乐于和有能力直接参与到“基因”的创造活动中去。

如果把传统文化与它的衍生品比作一叶扁舟，那么，新兴的媒介传播方式与创意的市场营销就是决定船航行方向的风帆，为这叶扁舟指明了方向。“互联网＋传统文化”的融合与创新，必将推动博物馆重新构建数字化营销与传播的策略与模式。将线上和线下的渠道资源整合，进行跨界的开发和营销，充分运用移动互联网的优势，创造出一种可以进行精确传播，实现高效转换的产品，让博物馆作为一种文化遗产，在产品的活化过程中，展现出了国潮的强大生命力。

二、探索、思考与展望——博物馆数字化转型发展趋势

（一）数字化建设与博物馆制约因素之间的博弈

在当今数字经济浪潮下，数字化转型已成为企业求得生存与发展的必然选择。在经济迈向高质量发展的过程中，不同区域的文化产业的转型是必然的，而所有的数字转型都是以技术为基础的，只有采取恰当的方式，才可以顺利地完成数字化转型，从而产生更多的商业和社会价值。

然而，我们必须清楚了解的是，由于受到某些客观因素的影响，并非所有的博物馆都具备了开展数字化建设的能力。有的博物馆因为场地、资金、人才等因素，自身发展能力还不够强，在短期之内很难将其转变过来。但是，在经济发达的地区，有着充足的资金、有利的政策以及优秀的人才，在先天条件上具备了优先发展的优势。所以，博物馆的数字化建设不是一朝一夕就能完成的，博物馆的数字化建设不仅与博物馆自身的发展有关，还与有关地区的文化建设和社会发展有着紧密的联系。所以，只有首先将经济发展好，转变落后的观念，向先进的数字化人才学习，才能在今后的博物馆数字化建设中，掌握先机，占据优势。

（二）未来博物馆发展的数字化转型途径

博物馆的数字化转型，其本质有三个方面。其一，是以提升博物馆的发展潜能为目标。在数字转型中，利用新技术对博物馆的展览与展示、文物保护与保护、观众服务等核心服务起到了至关重要的作用。其二，是数字变

革是商业变革，即利用新一代信息技术，深度改变博物馆的经营与管理方式，实现了以技术为主、以服务为重的战略目标。其三，是数字经济的发展是一个长期而艰巨的任务。数字化转型面临着诸多挑战，包括技术竞争、商业变革、组织改革、文化重建、数字技术发展、人才培育等，都不是一蹴而就的。

1. 数字藏品

数字藏品指的是利用区块链技术，与特定的作品、艺术品相互关联并生成的独特的数字凭证。在对数字版权进行保护的前提下，数字藏品可以实现真实可靠的数字化发行、购买、收藏和使用。当前，各行各业纷纷推出了很多的数字藏品，种类丰富，形式也是多种多样，包含图片、视频、音乐、纪念品等。目前，包括蚂蚁、腾讯、百度等各大互联网巨头均开展了各自的相关业务。类似地，在博物馆数字化建设过程中，博物馆不仅可以利用大数据技术将现有的藏品变成数字化展示，还能够开展数字化藏品的个人收藏，让文物爱好者不仅可以在这个平台上欣赏，还可以收藏自己喜爱的藏品。这样，一方面可以满足部分观众的个人爱好，促进博物馆文化的广泛传播，另一方面，也可以提高部分的博物馆营收，更充分地用于博物馆的建设。例如，厦门市博物馆利用数字化技术，将其收藏的几件文物（清・雕玉立鹤、明・白玉双龙、清乾隆元年的青白玉如意），制作成一款数字藏品，并在 2022 年 3 月 10 日在网上发售。一经上线，三万件藏品旋即被抢购一空，足见人们对数字文物的热情。洛阳博物馆的“北魏五虎”数字藏品也在虎年春节期间正式上线，用户可以到“福气商店”使用福卡进行兑换，获得一份极具珍藏价值的文物数字藏品。

与此同时，中国文字博物馆也在世界博物馆日到来之际，以“宋公栾簠”为代表的春秋战国时期的国宝级文物为基础，推出一套数字藏品。此外，河南博物馆和洛阳博物馆在支付宝 App 上推出了一款名为“国宝 AR 发弹幕”的游戏，让观众可以在游戏中“到此一游”，不是单纯地听解说，而是和观众一起分享，让参观变得更加有趣。数字化技术的飞速发展，为博物馆的转型与发展提供了新的契机，也是展示其实力的一种重要方式。

2. 作为时尚媒介的博物馆文化

从20世纪90年代起，一些大型博物馆鲜有人来参观，如果博物馆不被看见，不被视为社会日常生活的一部分，它们就不能继续存在下去，因此，人们不得不考虑博物馆的未来发展。在20世纪90年代，随着全球消费主义的兴起，时尚已经成了一种“语言”，已经深入了社会的每个角落。同时，由于“灵活、魅力、创新”这三个特性，时尚也受到了众多策展人的关注，一些具有高度创造性的时尚展览，已经成了博物馆一项重要的创新活动，它也逐渐成了当代时尚传播的一种重要媒体。博物馆作为一种时尚媒体，不仅对博物馆自身的转型发展起到了积极的作用，同时也对后现代转型和时尚史的研究带来了巨大的冲击。

时尚史学者瓦莱里·斯蒂尔指出，由于知识分子以文字为业，许多学者通常忽略了对象在知识创造中的重要作用，但在用于研究时尚史的所有方法中，最具价值的方法之一应是对物品及其实践的阐释。2015年，纽约大都会美术馆在中国举办“镜花水月”展，探讨由中国元素所激发的艺术创造力和想象力，并探讨中国审美在数百年间对西方的冲击，其中包括清代、民国和新中国三个阶段的典型服装，并通过放映大量的影视和照片，使展品具有更深层次的互文。第二个单元以“符号帝国”为主题，展示了更多的中国传统元素，如佛像、书法、园林等，并以《虎啸龙吟》《霸王别姬》等为代表，呈现出中国的“迷幻”形象。这一独特视角使我们认识到，博物馆的流行可以逐步转变为一种在社会上进行的认真、平等的交流，从而使博物馆有可能突破“守旧”“古板”的固有观念，从而在实践、理论两个层面上，对数字时代的变革展开更为深入的探索。

当前，人们对博物馆作为时尚媒体的地位和作用存在诸多疑问，例如：博物馆应不应该展示时尚，博物馆应展示何种时尚？馆长应怎样在审美与历史、趣味与意义之间保持平衡，这样做会不会造成时尚魅力的损失，把“时尚”展现在公众面前，会不会造成时尚魅力的损失，这都是博物馆作为时尚媒体发展过程中亟待解决的重要问题。在博物馆与时尚的关系方面，我们将持续关注如何通过体制性的方式来对抗偏见、质疑与否定，以及何种类型的博物馆可以被用来做后现代的文字识别与传播。

3. 文创产品

近几年来，我国众多博物馆纷纷推出各自的文化创意产品，一批又一批文创产品深受广大观众喜爱，在线上线下几乎是“一货难求”的态势。博物馆自身蕴含丰富的历史文化资源，所以那些受欢迎的博物馆文创产品，也都与博物馆的主题或馆藏的文物紧密相关，所以，它们总是能够得到消费者的青睐和认同。2022 年夏季，由甘肃博物馆出品的青铜奔毛绒布“马踏飞燕”在全国范围内迅速蹿红，仅一周时间就卖出了两万多个，并且在网上出现了抢购现象。一向神秘肃穆的故宫，也在不断地跟上潮流，推出了许多文化创意产品，比如故宫国风胶带、千里江山图、紫禁太平有象书签、脊兽钥匙扣等，这些特色的故宫文创，都是建立在中华五千年的历史之上的，以“故宫文化”为核心的，也是一种文化传播。未来的博物馆，并不是单纯地使用数字化技术，而是要不断地创新，创造出更多的“文创产品”。对博物馆而言，它具有“引流”的功能，能够让更多的人进入博物馆，去感受中国传统文化的博大精深，并受到其影响；对平民百姓而言，他们能够更加渴望、更加期待美好的生活，更加了解中华优秀传统文化；从社会的角度来看，博物馆的资源得到了有效开放，博物馆的文创产品得到了广泛的认可。

毫无疑问，博物馆的数字化建设是对“互联网 +”这一新兴社会模式的一种积极响应，它将彻底颠覆传统的博物馆思考模式、工作模式。所以，从这个意义上讲，未来的数字博物馆更多的是一个平台，一个推动者。这些博物馆的收藏、管理、研究、教育等工作，都将在数字平台上进行，而与之相关联的博物馆业务，也将在数字平台上进行现代化改造，为人们提供新的工作模式与方法，协助人们进行新的创意思维的创作与实现。

（三）元宇宙与博物馆

这两年，NFT 和“元宇宙”的热度让不少产业都沸腾了起来，这也是 2021 年会被称为“元宇宙之年”的原因。同时，这股浪潮也波及了文博领域，从融合 VR/AR/MR/XR 等技术，来打造全场景沉浸式的元宇宙场景和展览，到 NFT 数字藏品的扩散传播，有几十家博物馆和文物部门都在进行道路的探索，还有一些还在酝酿之中。同时，博物馆界也在积极探索元宇宙与非语言艺术的融合、元宇宙在博物馆中的应用、元宇宙与文物的融合定位、元宇宙与博物馆的数字化转型、元宇宙与虚拟展示的“云展览”、元宇宙与数字收藏的结合，以及博物馆在元宇宙的兴起中所面临的挑战，为博物馆的进一步探索、思考，强调博物馆在元宇宙中的发展，指出了博物馆的发展空间。福建泉州在2022年1月启动了“元宇宙”，将22个地方的文化遗产景区，以国潮城市剧本为特色，以虚拟现实的方式，向大众展示；2021年6月22日，在湖南湘西的芙蓉镇，中国第一家虚拟社区“天衣别院”正式开业，该社区将游戏“天涯明月刀”中的场景完全还原出来，并将芙蓉镇的土家族建筑风格与传统的手工艺结合在一起，为玩家提供了一个全新的、全方位的体验空间。

元宇宙作为一个不断演化的概念，其发展过程中存在着诸多的争论和不确定因素。博物馆在发展过程中，一定要认清自身的任务与目标，认清所面临的机会与挑战，并加以防范，才能维持其长远的发展。未来，文化遗产可以成为探索数字真理的文化舞台，成为科技之善的文化范式，成为人文之美的文化基因。将数字文物与元空间相融合，使其在虚拟世界中发挥其文化威力，并借助数字化技术使其重新焕发生机，从而达到双向互动和协同治理的目的。

（四）传承与嬗变：博物馆数字化转型与中华文明的传承

1. 新进化论视角下的文明观

最早的古典进化论都相信，社会在不断演化，从最初的形态演化到更高的形态，从简单到复杂，从分散到整体。一些专家和学者认为，社会的力量主要取决于少数人，一些学者则认为，关注的对象不是少数人，而是普通民众，他们是社会文明的接受者和消费者，他们会在自己的日常生活中，不断地推动着文明的发展。中华文明从远古时期到现在，经历了多次融合、演变和创新的历程，才能在复杂的历史条件下，始终保持着自身的活力，并以其顽强的生命力，不断超越其他文化。21世纪，伴随着中国经济实力的迅速增长，经济结构、政治制度的不断优化，文化建设在全社会中占有举足轻重的位置，中国文化中的创新要素也开始重新焕发生机，赋予其新的内涵。

2. 在新时代文明中重新定义博物馆数字化

文化的“新陈代谢”作用是提高其适应能力的重要因素，由于环境是在不断变化的，因此，文化也是在不断更新的。博物馆的数字化，不仅可以继承过去的理性元素，也可以顺应现在和将来的发展，就像艾森·施塔特所言，随着历史文化的不断扩张，他们会对已入社会的象征性和制度性的前提条件构成挑战，而这一挑战又会引起社会内部的反应，从而影响到新的选择和新的可能。从前，博物馆仅仅是一个保存文物，维护社会安定，传播社会文化的场所，如今，它已渐渐从历史的大背景中走出来，在现代文化的冲击下，向更广阔的方向发展。毫无疑问，数字科技在当今社会中是一项伟大的发明，它确实为人类社会带来了巨大的好处，而博物馆也正是因为如此，才能在数字化的浪潮中，不断创新，跟上时代的步伐。我们必须明确地认识到，数字不是一种盲目地追求工具理性和效率的过程，也不是一种与以往的传统彻底割裂的方式，它是一种对传统文化的合理传承，利用数字技术将博物馆的价值置于新的环境中，对其进行重新诠释。

第四章 文物数字化保护与开发模式

第一节 文物数字化的方向

随着数字技术的不断发展，历史文物资源数字化已经成为一个越来越重要的课题。数字化可以让历史文物资源更容易被保存、传播和利用，同时也可以让更多的人了解和欣赏这些文物。历史文物资源数字化的模式并不是一成不变的，不同的文物资源和不同的需求都需要不同的数字化模式。本章将从数字化的目的、数字化的对象、数字化的方式和数字化的应用四个方面来探讨历史文物资源数字化的模式。

一、数字化的目的

（一）保存文物资源

历史文物资源是人类文化遗产的重要组成部分，它们的保存是非常重要的。数字化可以让文物资源以数字形式保存，避免了传统保存方式中可能出现的损坏、丢失等问题。

文物数字化是指将文物的形态、结构、特征、历史、文化价值等信息，通过数字化技术手段进行记录、保存、传播和利用的过程。文物数字化保护是指通过数字化技术手段对文物进行全面、系统、科学的记录、保护和利用，以实现文物资源的可持续利用和传承。文物数字化保护的主要目的是保护文物资源，防止文物遭受自然灾害、人为破坏和盗窃等危害，同时，利用数字化技术手段对文物进行研究、展示和传播，提高文物的文化价值和社会价值。文物数字化保护的主要内容包括文物数字化记录、文物数字化保护、文物数字化展示和文物数字化传播等方面。其中，文物数字化记录是指通过数字化技术手段对文物进行全面、系统、科学的记录，涵盖文物的形态、结构、特征、历史、文化价值等信息；文物数字化保护是指通过数字化技术手段对文物进行保护，包括文物的数字化复制、数字化修复、数字化保护等；文物数字化展示是指通过数字化技术手段对文物进行展示，包括数字化展览、数字化博物馆等形式；文物数字化传播是指通过数字化技术对文物进行传播，包括数字化出版、数字化教育等途径。

（二）传播文物资源

数字化能够使文物资源更易于传播。经过数字化处理后的文物资源可以通过互联网等渠道传播，让更多人了解和欣赏这些文物。数字化传播文物资源是指运用数字化技术手段将文物资源进行数字化处理，再通过互联网、移动设备等进行传播，从而让更多人了解、欣赏和学习文物资源。

数字化传播文物资源的主要方式包括数字化展览、数字化博物馆、数字化教育等。其中，数字化展览是指运用数字化技术将文物资源进行展示，观众可以通过互联网等渠道观看和欣赏；数字化博物馆是指利用数字化技术将博物馆的文物资源进行数字化处理后，通过互联网等渠道展示和传播；数字化教育是指借助数字化技术对文物资源进行处理，再通过互联网等渠道开展教育和培训等相关活动。

数字化传播文物资源的优点在于可以让更多人了解和学习文物资源，同时能够促进文化交流和文化创新。此外，数字化传播还有助于提高文物资源的保护与管理水平，促进文物资源的可持续利用和传承。

（三）利用文物资源

数字化能让文物资源易于被利用。数字化后的文物资源可用于教育、研究、展览等方面，使人们更好地了解和利用这些文物。数字化利用文物资源是指运用数字化技术手段对文物资源进行数字化处理，再将其应用于文化创意产业、文化旅游、文化教育等领域，实现文物资源的可持续利用和传承。

数字化利用文物资源主要体现在文化创意产业、文化旅游、文化教育等方面的应用。其中，在文化创意产业方面是指通过数字化技术手段将文物资源进行数字化处理，然后将其应用于设计、艺术、文化产品等领域，创造出具有文化价值和商业价值的产品和服务；在文化旅游方面，是指通过数字化技术手段将文物资源进行数字化处理，然后将其应用于旅游产品和服务中，提高旅游的文化品质和文化体验；在文化教育方面，是指通过数字化技术手段将文物资源进行数字化处理，然后将其应用于教育和培训中，提高学生和公众对文化的认识和理解。

数字化利用文物资源的优点在于能够实现文物资源的可持续利用和传承，同时促进文化产业发展和文化旅游繁荣。数字化利用文物资源还可提升文物资源的文化价值和社会价值，促进文化交流与文化创新。

二、数字化的对象

历史文物资源数字化的对象包括实物文物、文物图片、文物文字等。文物保护数字化的对象包括各种类型的文物和文化遗产，如建筑、雕塑、绘画、书法、器物、文献、遗址等。这些文物和文化遗产具有重要的历史、文化、艺术和科学价值，是人类文明的重要组成部分，需要得到保护和传承。不同的文物资源需要不同的数字化方式。

文物保护数字化的对象可以分为实体文物和非实体文物两类。实体文物的数字化需要通过三维扫描等技术将其转化为数字模型，以便于保存、传播和利用。文物图片是指对文物进行拍摄后得到的图片。文物图片的数字化需要通过数字化摄影等技术将其转化为数字形式，以便于保存、传播和利用。文物文字是指文物上的文字，如铭文、题识等。文物文字的数字化需要通过 OCR 等技术将其转化为数字形式，以便于保存、传播和利用。非实体文物是指没有物质形态的文物，如文献、音像资料、数字化艺术品等，需要通过数字化技术手段对其进行数字化处理，以实现文物的数字化保存和传承。

文物保护数字化的对象还包括文化遗产的环境和背景，如文化遗址、历史建筑群、古镇等，需要通过数字化技术手段对其进行数字化处理，以实现文化遗产的数字化保存和传承。

三、数字化的方式

①三维扫描：利用激光扫描、光学扫描等技术，对文物进行三维数字化处理，以实现文物的数字化保存和传承。

②数字化摄影：借助高清晰度数码相机等设备，对文物进行数字化拍摄处理，以实现文物的数字化保存和传承。

③ VR 技术：运用 VR 技术，将文物数字化模型呈现在 VR 环境中，以实现文物的数字化展示和传承。

④数据库建设：通过建设文物数字化数据库，将文物的数字化信息进行整合和管理，以实现文物的数字化保存和传承。

⑤云存储技术：借助云存储技术，将文物的数字化信息存储在云端，以实现文物的数字化保存和传承。

⑥数字化修复：利用数字化修复技术，对文物进行数字化修复处理，以实现文物的数字化保存和传承。

⑦文献资料数字化：通过数字化技术，对与文物相关的文献资料进行处理，以实现文物相关资料的数字化保存和传承。

⑧数字化展览：通过数字化技术，整合文物数字化模型、文献资料等数字化信息进行展示，以实现文物的数字化展示和传承。

⑨文物数字化保护方案制定与实施：通过数字化技术，制定和实施文物的数字化保护方案，以实现文物的数字化保护和传承。

⑩数字化监测：通过数字化技术，对文物进行监测，以实现文物的数字化保护和传承。

⑪ 数字化教育：通过数字化技术开展文物相关知识的教育，以实现文物知识的数字化传承和普及。

⑫ 数字化交流：通过数字化技术交流，以实现文物相关信息的数字化传递。

第二节　历史文物资源数字化科学内涵

一、历史文物资源数字化的重要技术

（一）数字图像处理技术

数字图像处理是历史文化资源数字化的核心技术，具体包括：图像颜色特征提取、纹理分析、形状分析、图像对象分割、序列图像运动分析、图像数据分类与组织、图像校正、图像拼接等。其中，图像压缩、图像变换与图像检索技术是较为关键和常用的技术。图像压缩指的是通过一定的方法，在给定的历史文化资源图像信息中推出简化的数据表达，从而实现降低数据量目的的一种图像处理过程。当前，图像压缩技术主要包括：哈夫曼编码、算术编码、行程编码、Lempel-Zev 编码、离散余弦变换编码、离散 KL 变换编码、小波变换编码等。

图像变换指的是为了更方便地从图像中提取所需要的信息，或为了更好地利用图像，而对历史文化资源原始图像进行加工处理的过程，主要包括图像增强、图像恢复和图像编辑技术。图像增强的目的是将图像中的一些有价值的信息进行突出表现，同时将一些无用的信息弱化或删除，从而使经过处理后的图像在某些特定的历史文化资源应用场景中比原来的图像更合适。图像复原就是将被破坏的图像复原成原始图像。图像编辑主要是对图片进行格式调整、尺寸调整、颜色调整以及去除噪声（去除斑点），以提高图片的真实感和清晰度。

图像搜索就是在大量的图像中找到一个或几个具体的图像。传统的图像检索方法，通常是先将图像中的特征提取出来，然后将其与图像一同进行存储，再通过用户输入的关键字进行检索。当前，比较先进的图像检索系统是 IBM 公司的 QBIC（Query by Image Content），它是一个以特征检索为基础的图像、视频数据库，特征具体包括颜色、形状、纹理、轮廓等，采用半自动方法抽取，通过提供例图、手绘素描、颜色或纹理模板等方式从图像数据库中检索图像。

（二）多媒体技术

多媒体技术是将计算机、声音、文本、图像、动画、视频和通信等多种功能融合在一起，能对多种信息进行综合处理、建立逻辑关系以及实现人机互动的技术。多媒体技术将视听技术、计算机技术和通信技术三大信息处理技术有机地结合在一起，为历史文化资源等信息处理技术的发展打下了新的基础。

利用多媒体技术对历史文化资源进行数字化处理，包括数据表达、编辑、存储、整合出版等。在本地系统中，多利用 OpenGL 或 DirectX 编程技术。在网络系统中，多媒体技术多利用 HTML、ASP 或 PHP 编程技术，并结合 WebGIS、Flash、XML、Java Applet、X3D 技术。SVG、闪存、M3G、VRML 等技术被广泛应用于移动终端。

多媒体技术是一种重要的支撑技术，它对历史文化资源的数字化保护和开发具有重要意义。在数字历史文化资源的保护和利用中，多媒体技术有着广泛的应用场景。

（三）数字内容管理与发布技术

数字媒体内容管理与发布技术以网络为基础，以音视频内容管理技术为核心，将音频视频元数据标准、媒体智能分析、中心—边缘分发、DRM 数字媒体版权管理、批量自动编码等关键技术融合在一起，并支持 MP 系列等多种格式，对历史文化资源信息内容展开创造、存储、检索、分发和发布等，具有低成本、规范化、可伸缩等特点。数字内容管理模块主要包括分配管理和版权管理等模块；内容发布模块包括流式发布、自动模板、页面应用三个部分。其中，自动模板模块主要负责设定网页发布的规则、模板样式、自动发布的时间以及自动生成的网页，并将其上传到网络服务器。网络应用模组为自动使用者提供多种音频和视频播放服务。流媒体模块主要包括录播、直播、单播三个子模块。

（四）3S 技术

3S 就是 RS（遥感系统）、GIS（地理信息系统）、GPS（全球定位系统），3S 技术就是将这三种技术融合在一起，形成的一种数字技术。3S 技术在数字考古、遗址保护、景区规划和相关的管理过程中得到了广泛的应用。

RS 是一种重要的空间信息获取与更新方法，它具有覆盖范围广、分辨率高、穿透能力强、探测时不破坏遗产等优点。在对遗址、古建筑等历史文化资源进行数字化的过程中，应结合实际情况，有效地获得三维几何数据、数字高程模型、数字正射影像数据以及准确的三维纹理数据。由于遥感数据包含了空间坐标、地物属性等信息，因此可以将其导入 GIS，并且可以与 GIS 进行叠加、融合。

地理信息系统是 3S 系统的核心，它具有缓冲区分析、网络分析等多种空间分析与处理功能。GIS 与 GPS、RS 等技术相结合，从而能够对遗产资源进行实时监控、规划与管理。其中，全球卫星定位系统可以实现全天候、不间断的实时导航与定位，可以为文物、古建筑等提供精确的三维空间、速度与时间信息，是 3S 技术的关键。

（五）网络技术

网络技术已经成为数字历史文物资源的重要组成部分，特别是在数字历史文物资源的展示和传播方面。网络技术是信息技术和计算机技术有机结合的产物。网络连接媒体可以是电缆、双绞线、光纤、微波、载波、通信卫星等。

网络技术关键要素包括网络节点技术、宽带网络系统、资源管理与任务调度工具、可视化的应用层工具。宽带网络系统为网络提供了高效且丰富的信息服务。资源管理与任务调度是对资源进行描述、组织与管理的核心，在此基础上，提出了一种基于任务分配的多个任务协同工作机制。可视化应用层工具可用于创建交互界面，实现数据类型的匹配和合理展示。目前，网络可视化工具已经从最初的 HTML 静态页面，演化成了以 ASP、PHP 等动态脚本语言为主，并与 VRML、X3D、Web GIS 等多媒体技术相结合的丰富多彩的页面。

二、数字化有利于历史文物资源的保护与开发

伴随着数字化技术和新媒体技术的快速发展以及计算机、智能手机和互联网的广泛应用，数字化浪潮在世界范围内持续升温，对社会的每一个部门都产生了深远的影响，数字资源已经成了一种无法被取代的社会核心资源，对历

史文物资源进行数字化的保护和开发已经变成了一种文化传承和创新的重要方式。对历史文物资源进行数字化，不仅是信息产业和文化产业可持续发展的根本，而且是提升一个国家和地区的文化软实力和综合实力、发展先进文化的一项重要举措。

（一）数字记录与数字保存有利于历史文化资源整体性保护

在传统的保护方式下，文物、历史、文化资源一般陈藏于博物馆，但文物一旦离开其原本的生存环境，就会失去部分自身信息，破坏其自身的特色。博物馆或有关的保护机构，可以利用多媒体、虚拟现实等数字化技术和设备，重新创造出一种“体验型博物馆”。它可以让观众利用遥感器在虚拟的文化遗产空间中漫游，从而对文化遗产有一个清晰的认识，并对其进行还原和再现，使其具有更大的教育价值。通过文字记录、人物访谈、摄影录像、实物藏品等方式保存非物质文化遗产，尽管其保存了丰富且宝贵的历史文化资源，但是由于图书资料的霉变和录像带的陈旧，极易造成信息的失真。此外，与文物类的历史文化资源一样，非物质历史资源如果脱离了其形成发展的环境，即生存空间的特性，往往也很难将其作为一个整体进行保护。将数字技术运用到历史文物的保护中，既可以更好地对有关信息进行收集、整理和记录，又可以达到传统保护方式所不能达到的展示要求和保真效果，从而可以更加安全、长久地保存这些有价值的文化产品。

（二）数字复原与数字再现更有利于历史文化资源的有效传承

历史文化资源的保护以传承为目标，数字还原和数字再现是以数字记录和数字保存为基础的，为实现对历史文化资源的有效传承提供了一种先进、行之有效的方法和手段。工作人员通过数字还原与数字再现等技术手段，将历史文化资源制作成数字化虚拟信息资源，供人们学习、交流与创新。例如，利用3D数字动画技术，以图片、视频等丰富的形式，还原、再现历史文化现象、场景、事件或过程；利用VR技术生成具有真实感的历史人物、动作、情景等，使人们对历史事物有更深刻的认识和理解。相对于传统的展示方式，利用数字化虚拟技术，将声、光、电结合全方位、多视角地对历史文化资源进行平面显示或全景、立体空间复原再现，使观众可以更全面地体验和享受历史文化资源的乐趣，这有利于其有效传承。

另外，通过网络技术将相关的历史文化资源数据上传到网络系统，或者通过数据光盘存储相关数据，使得历史文化资源在信息化中得到更广泛的交流，让更多的人增强对该地区历史文化资源的认知，进而大力地传承历史文化资源。

（三）数字出版与传播可实现历史文化资源最大限度的广泛共享

对文物资源，包括对历史文化资源进行数字化处理是信息时代发展的必然需求，而在数字技术和网络技术飞速发展的今天，这一需求变得更加迫切，也变得更加广泛。数字化出版、数字化传播等手段的兴起和快速发展，为实现历史资源的共享创造了条件。伴随着数字技术与网络技术的持续发展与深入，从桌面出版、电子出版、网络出版、游戏出版发展到了移动出版，其出版的速度非常快，而且花费也很少，这使得历史文化资源产品能够在短时间内被广泛地传播到社会中。

除数字出版外，以数字媒体统一平台为基础构建的数字博物馆等形式，也将多种媒介形式的历史资源信息进行整合，通过电信、无线通信、互联网、有线电视以及各种数字网络进行广泛传播。与传统的历史资源出版传播方式相比，数字出版和数字传播更能突破时间和空间的限制，让使用者可以在任何时间、任何地点共享，这样就能最大化地实现历史文化资源的共享与利用。

（四）数字化为历史文化资源的产业化开发提供了广阔空间

在面对历史文化资源的时候，人们很容易陷入“保护”和“使用”之间的矛盾。传统的利用方式，或多或少都会给历史文物造成一定的破坏。通常情况下，越是有价值的历史文物，人们在开发利用时就越谨慎。这个困难的问题将越来越多地在数字时代中被解决。随着数字技术的不断发展，对我国历史资源进行产业化开发的可能性也日益增大。运用数字技术，充分挖掘文物的文化和经济价值，又不会对其造成太大的破坏；对于从文献与口耳相传而来的历史文化资源，运用数字化技术，不仅可以对其进行保护和传承，还可以对其进行逼真、立体性的开发，并形成文学、影视、动漫、游戏等形式的产业链，从而促进文化产业的发展。利用数字化技术，实现对历史资源的产业化开发，将其转化为文化生产力，从而形成一定规模的经济效益，并能够进一步激发人们对历史文化资源的保护和传承的积极性。

第三节　文物数字化的三种基本模式

对历史文化资源进行数字保护和发展的时间并不长，但是在这个过程中，它已经逐步显现出优势。这一部分重点介绍了三种基本的历史文化资源数字化模式，即政府模式、个人模式和企业模式。

一、政府模式

政府模式主要是指由政府机关（包括内部机构）及政府投资的文化机构（图书馆、档案馆、博物馆等）对历史文物展进行数字化加工、整理与存储，并通过光盘、互联网等载体进行展示，以无偿方式提供历史文物数字化服务产品。该模式是作用发挥到最大程度的一种历史文物数字化保护与开发模式，其运营和实施主要依靠国家财政拨款，由文化、文物等相关政府机构代表国家组织人力、物力来开展。

在目前的数字化历史文化资源建设中，政府管理模式是一种非常重要的模式，在国内外都得到了广泛的运用。从 20 世纪 90 年代开始，为了迎接数字化时代的到来，一些发达国家纷纷投入巨资，进行大规模发展，并推出了历史文物数据库建设项目，力图在互联网上弘扬本国文明，展现本国历史，传播本国优秀文化。在此期间，英国政府资助了 2000 多件国家画廊的收藏，并将其制作成 CD-ROM，同时，大英图书馆也在网络上发布了 4 个主要的数字历史信息。日本政府自 1993 年起，耗资 1700 万美元，将 1000 万页的历史和文化资料全部数字化，并将其放在网上，其中包含江户浮世绘、彩色版画、古代地图等，同时还包含了明治时期的社会科学著作和其他文件。美国政府于 1994 年启动“美国记忆”技术，总经费 6000 万美元，到 21 世纪初，有超过 100 万件的档案被网络存取，其中包含照片、版画、美术作品、手稿、地图、录音、电影等。

与发达国家相比，我国由于长期受到传统计划经济的制约，在重大社会问题上政府扮演着更加重要的角色，在数字历史文物的保护和利用中，政府作为调控主体所扮演的角色也尤为重要。“数字故宫”和“数字敦煌”都是从2000年起由国家出资进行的重大文物保护和发展工程，属于国家级文物保护项目。从“十一五”规划开始，为了推动非物质文化遗产的数字化保护、传承和利用，国家一直在增加对非物质文化遗产的投资。

以陕西历史文化资源的数字化为代表，如“陕西数字博物馆”“陕西省非物质文化遗产库”等相关数字化项目，属于典型的依靠政府主导开展的项目类型,“秦始皇兵马俑博物馆”数字化项目同样如此。它们以“公有”“非营利”“分级”“地域性”为特点，在此基础上，还形成了一种“公共”“非营利”“分属”的“地方性”历史文化资源数字化的新思路。在这些历史文化资源的数字化建设过程中，其运营、管理等环节完全依靠政府。政府作为唯一的投资主体，承担着建设费用以及支付工作人员的工资等支出。

由于历史文化资源具有传统性、公共性、民族性、教育性等特点，并且是文化资源中非常重要的一部分，对其进行保护和利用，不仅可以促进我国文化的传承，还可以提高我国的文化软实力，促进我国文化的大发展、大繁荣。政府需要承担起这个责任，要积极地发挥自己的控制力，积极履行自己的职责，运用法律、政策、行政和经济等多种方法对历史文化资源进行数字化的建设。

另外，历史文化资源数字化保护与开发是公共文化服务体系中的重要一环，是政府应承担的公共服务，政府有责任提供历史文化资源数字化公共产品。

这就要求我们在目前的数字保护和发展过程中，应该积极运用这种管理方式，但是我们也必须看到这种管理方式所带来的弊端。在历史文化资源的数字保护和发展中，如果仅仅依靠政府的资金，就会造成政府的财政负担很重。而且，政府相关项目要经过一系列的论证和烦琐的行政程序，许多政府机关和有关部门的管理手段和方法都比较落后，工作人员的工作热情也比较低，效率低在某种程度上也会影响到数字化建设的进度，特别是在项目的后期，对历史文化资源的数字内容常常无法跟上。此外，在陕西等历史文化资源十分丰富的省份，仅以政府方式对其进行数字保护和开发，必然无法涵盖大部分的历史文化资源。因此，在采取政府方式的同时，还需要鼓励多种方式的参与，探索更加科学、合理的数字历史文化资源保护和开发的运作模式。

二、个人模式

由于历史文化资源的公共性以及它所拥有的强大的吸引力，这就使对其进行保护和开发既有可能又有必要。在我国的历史上，民间（个人）投资收藏古董、字画等历史文化资源已有很长一段时间，而英、法和日本等一些国家，亦有类似的情况。1853 年，安妮·坎宁安所代表的对华盛顿故居的民间私人保护开始在美国的北卡罗来纳州兴起。1923 年，一批公民开始自发地整修美国总统托马斯·杰斐逊的旧居。

以个人行为为代表的历史文化资源的保护和利用方式也在不断发展。在数字时代的今天，在对历史文化资源进行保护与开发的过程中，个人将数字工具和技术进行了充分的运用，逐步形成了历史文化资源的数字化保护与开发的模式。与政府模式相比，个人模式指的是通过个人的力量对历史文化资源进行数字化转换，将其储存于数码相机、个人计算机中，通过光盘、互联网等载体以无偿或有偿的方式向公众提供。

个人模式其实是一种将个体主体作用最大限度地发挥出来的历史文化资源数字化模式，这种模式以个人的兴趣爱好和对历史文化遗产所具有的保护与传承意识为基础，在当前历史文化资源的保护、传承、传播、开发过程中较为普遍存在。

私有历史文化资源的数字化可划分为两个层面：一是普通民众的单纯行为，二是有一定专业技能和历史文化知识的研究与开发人员的专业行为。此外，热爱当地历史文化资源的人以及到此旅游的人也可能参与到私有历史文化资源数字化相关的活动中。

在个人模式下，将历史文化资源数字化，人们多基于对历史文化资源的热爱，并自行出资出力。在经过一段时间的发展后，会呈现出两种趋势，一种是有可能持续并一直将其作为个人爱好，二是运用数字技术实现某种经济或社会诉求。其中，“旅游者”对私有历史文化资源的数字化往往是一种兴趣爱好，根本没有经济和社会诉求。同时，地方民间私有的历史文化资源，也有可能被政府、专业研究机构、企业等“收编”，以满足这些主体的诉求。专业人员对历史文化资源的数字化，虽然经常是出于兴趣，但是他们也存在着一定的经济和社会诉求。当然，在目前的社会主义市场经济条件下，个人模式的历史文化资源数字化所向往的经济诉求和社会诉求都是合情合理的，没有任何问题。这些诉求在很大程度上只是对其前期劳动成果的一种回报，包括经济补偿和精神激励。

从本质上讲，个人模式对历史文化资源进行保护和利用，是数字时代下公众广泛参与的一种体现，政府应当积极倡导。因为历史文化资源具有广博性，政府或者其他方式对其进行数字化的保护与开发并不能完全覆盖，因此，对历史文化资源进行数字化的保护与开发就成了一种相当必要的方式，可以作为对政府和其他方式数字保护与开发的有效补充。

当然，我们也要清楚地意识到，以个人模式进行历史文化资源的保护和利用，只是起到了一种必要的辅助作用，这种模式存在着先天的缺陷。一是以个体为主体的普通民间人员制作数字历史文化资源时，因技术水平低，制作质量差等问题，可能存在对文物保管不当的情况；二是普通的民间机构和专业的研究机构，也面临着资金短缺的问题，这些问题导致了他们的研究工作很难继续卜去。

三、企业模式

企业作为现代社会不可或缺的一种组织形态，对整个社会的发展起着举足轻重的作用。目前，世界各国和地区都十分注重对历史文化资源的保护和利用，并将其作为社会发展的一项重要任务，相关的企业也对其充满了热情。在数字化大潮中，很多企业都将自己的经营范围扩展到了历史文化资源的数字化保护和开发领域，并且逐步形成了一种以市场为导向、以技术为支撑，融合多种资源的企业经营模式。在企业模式中，以企业作为主体，或者是接受委托，或者是积极地进行研发，以多种形式对历史文化资源进行数字化的保护和开发，从而将其经济价值、文化价值、生态价值等充分发挥出来。数字历史文化遗产的保护和开发，在追求经济利益的同时，也承载着文化传承等重要意义。

在市场经济中，对历史文化遗产进行数字化的保护和利用，是一种非常有意义的工作。一方面，企业模式可以有效地提供丰富的人力、物力、财力，并进行比较严谨的论证规划，从而对工程项目的快速推进产生有利影响。另一方面，站在文化产业运营的角度上，企业更能从市场的角度出发，认清市场，把握需求方向，在历史文化资源基础上开发多种形式的数字化产品，以满足各种需求方的多样化需求，同时还具有更强的目标意识和品牌意识，这对历史文化资源数字化保护与开发的广度和深度都有很大的帮助，还可以提高历史文化资源数字化的整体效果。

这样才能更好地发挥历史文化资源的价值。现代文化产业和数字内容产业的发展给历史文化资源的数字化带来了很好的机会。随着信息技术革命的兴起，数字产业已经在21世纪的经济舞台上扮演着越来越重要的角色。随着现代传媒的飞速发展，宽带、多媒体、数字网络的崛起，极大地影响着传统的经济和文化模式。

数字内容产业指的是将图像、文字、影像、语音等内容运用数字化高新技术手段和信息技术，对它们进行综合运用的产品或服务。它的业务涵盖了手机内容、网络服务、游戏、动画、影视、数字出版、数字教育等。在我国，数字内容产业的发展潜力巨大，而数字化的历史文化资源是内容产业的重要素材，它作为数字内容产业的上游环节，可以对整合性产品进行宣传，为研究、教育和大众提供服务。

国家拥有大量的历史文化资源，在这种情况下，很多企业都在积极参与到这些资源的数字化过程中。

同样以陕西为例，在政府的大力支持下，陕西出现了一批又一批的文化企业。这些企业中的许多人已经开始从事陕西的数字文化保护和利用工作，以此为基础，以企业化经营的方式，对目前陕西历史文化资源的数字保护和开发进行了初步探索。

曲江新区的数字保护和发展项目是陕西省的一种具有代表性的企业模式案例。曲江新区和西安曲江文旅局“一个班子，两个品牌”的工作模式，在文化产业的发展中，充分利用了企业的运作方式，对数字历史文化资源的开发效果十分显著。

三秦出版社和陕西旅游出版社是陕西出版集团旗下的两家出版社，在“事转企”后，均以企业模式经营陕西历史文化资源的数字出版，而陕西出版集团的数字出版基地，在 2011 年正式挂牌，并将其作为一个新的平台，对陕西历史文化资源进行了直接的数字化开发和利用。

除国企之外，西安长风数码文化技术有限公司（以下简称“长风”公司）等民企对陕西历史文化遗产的数字化保护和利用也起到了重要的作用。“长风”公司的一项主要业务是对陕西历史文化资源的数字化保护和开发，其已为西安关中地区民间博物馆等单位提供文物数字化修复服务，还以秦始皇兵马俑为原型，制作了大型 3D 动画电影《秦亲宝贝》及相关衍生品，并依据陕西红色文化资源，创作了 3D 动画电影《红色延安》。

此外，在陕西省内外，存在着大量由精通数字技术的专业人士组成的中小文化科技公司（这些公司与民营的专业研究与开发团队通常并无明显区别），它们也在从事陕西历史文化资源的数字化保护与利用。

在文化产业快速发展的背景下，“企业”模式对于陕西历史文化资源的数字保护和开发具有重要意义。在今后相当长的一段时间内，各级政府应大力推广“企业”模式，使之充分发挥企业的优势。

然而，我们必须认识到，这种商业模式也存在自身的缺陷。一方面，企业在追求经济效益最大化时，往往会出现追求短期利益和个人利益而忽略长远利益和整体利益的问题。虽然企业包括国企和民营企业，但企业的性质决定了其在对历史文化资源进行数字化时，都是以经济效益为出发点，而很容易忽略社会综合效益。另一方面，历史文化资源的数字化具有很强的公益性质，但其所带来的经济效益却较低，这就导致一些企业在开展有关的项目运作时常常会提出其他要求，这些要求往往会削弱历史文化资源数字化保护与开发的企业模式本身的意义，对此我们必须有清晰的认识。

第四节　PPP 模式

一、PPP 模式概述

PPP 模式，也就是 Public-Privatee-Partnership 的字母缩写，它是指政府与私人或私营企业（机构）之间，为提供某种公共物品和服务，基于特许权协议，彼此之间建立一种伙伴式的合作关系，并通过签订合同，明确双方的权利和义务，以确保合作的顺利完成，最终使合作各方达到比预期单独行动更为有利的结果。在 PPP 模式中，合作双方通过协议的方式，对各自在项目的每一个流程环节的责任、风险、权利和义务进行明确，最大限度地发挥出各自的优势，这使得项目的建设一方面能够摆脱政府的行政干预和约束，另一方面也能够利用私人资本在资源整合和运营效率方面的优势，从而取得比预期的单独行动更有利的效果。PPP 是一种集项目融资、建设、管理于一体的综合理念。

PPP 模式的起源可以上溯至 1782 年由法国 Perrier 兄弟创建和经营的水务公司，但一直到 20 世纪 80 年代，伴随着新公共管理理论的兴起和私营企业的高效运作，公共部门所面临的环境发生了巨大的改变，同时也伴随着信息技术的迅猛发展，PPP 模式的地位和作用逐渐凸显。由于英国政府多年来在基建项目上的持续投入，每年的预算都在减少，再加上其本身的实力有限，因此，在 1979 年，保守党政府执政之后，就开始了一项以企业管理技术为重点，引入竞争机制及以顾客为中心的新公共管理体制。这一体制使资金从纯粹的公共部门流向了私营部门。从 20 世纪 90 年代开始，英国政府对公共服务的模式进行了深入改革，并在此基础上，综合运用各种私营企业或机构在财务、设计、管理等方面的技术与经验，发展出一种更加完善的多元化公共服务模式。

当前，不管是在发达国家还是发展中国家，PPP 模式的应用都变得越来越普遍，它不仅包含了政府向私人企业融资的内容，还包含了各种机构和个人所掌握的土地、技术等资源。它既可以被用来进行水厂、电厂等基础设施的投资建设，也可以被用来进行很多如监狱、学校以及公共文化服务等非营利设施的建设。

PPP 模式通常包含以下 10 多种类型：建设—运营—转移（BOT）、建设—运营—拥有—转移（BOOT）、建设—转移—运营（BTO）、建设—拥有—运营（BOO）、建设—转移（BT）、建设—运营—补贴—转移（BOST）、租赁—建设—运营（LBO）、购买—建设—运营（BBO）、扩建后经营整体工程并转移（Warp-around Addition）、服务协议（Service Contract）以及运营和维护协议（Operate-Maintenance Contract）等。前 6 个类别，都是为新建工程而设计的，中间 3 个类别，是为扩建工程而设计的，最后 2 个类别则是为老工程而设计的。

建设—运营—转移（Build-Operate-Transfer）模式作为公共项目投资、建设和运营的一种基础模式，该模式发展最为迅速，也比较成熟。根据政府与民间组织之间的协定，政府对民间组织进行授权，允许民间组织在一段时间内投资于特定的公共工程，并对相关的产品和服务进行管理和运营。在建设和经营过程中，政府可以对私营企业所能提供的公共物品或服务的数量、价格等做出一定的限制，但要确保私营企业能够获取收益。在特许权期满之后，私营企业必须按照协议把项目设施转交给政府部门，然后再转交给政府指定的部门来运作和管理。“Build-Operate-Own-Transfer”是 BOT 的一种变种，其重点在于将工程设施建成之后将其所有权移交给私营企业。

建设—转移—运营（Build-Transfer-Operate）类型，指的是在项目完成之后，由政府先行偿付私人机构所投入的全部费用，从而获得项目设施的所有权，之后根据事先约定，由项目公司进行租赁和运营。

建设—拥有—运营（Build-Own-Operate），指的是由私营机构来承担公共服务项目的投资和建设，并且拥有所有权，不需要将其转移给政府部门，可以自己对其进行永久性运营。

Build-Transfer，指的是私营企业投资建设，完成后将项目直接交给政府部门，无需通过项目运营获取收益。建设—运营—补贴—转移（Build-Operate-Subsidize-Transfer），指的是私营企业在自负盈亏的情况下，在项目运营的初期，可以从政府那里获得一定的补贴，在特许经营期结束后，再将项目交给政府。

租赁—建设—运营（Lease-Build-Operate），指的是政府与私营企业之间签署一份长期的租赁合同，私营企业将已经完成或者已经存在的项目，向政府支付一笔租赁费，在现有基础上扩大项目，并对其进行运营和维护，从中获取商业利益。

购买—建设—运营（Buy-Build-Operate）是指政府将原来的项目卖给私营企业，由私营企业对其进行改建、扩建，并对其拥有所有权和永久的经营权。

扩大后经营整体工程并转移（Warp-around Addition），指的是由一个私营机构对已有工程项目投入资金并开展建设，在工程建设完成之后，这个机构会在一段时间里负责对整个工程的运营和维护，从而获取商业利益，而在这个特许期结束之后，这个私营机构会将它交给政府。

服务协议，主要是指政府将某些特定的既有公共工程项目的服务外包给私营企业，由私营企业进行运营、维护，政府承担相应的融资风险。一般情况下，服务协议的期限比较短，运营和维护协议（Operate-Mainte-Nance Contract）则是指政府与私营企业签订了运营和维护协议，由私营企业来进行运营和维护，以获取利润或其他利益。

二、PPP 模式优势及前提条件

PPP 模式已被广泛应用于公共基础设施、商品服务等诸多领域。相对于纯粹的政府投资、运营等模式，PPP 模式具有明显的优越性。

首先，PPP 为基础设施建设提供了一种市场化的投资和融资方式。这种模式可以将市场机制中的供需、价格、竞争、风险等要素之间的相互联系和作用机理发挥得淋漓尽致。因此，对于政府而言，一方面，在 PPP 模式中的投资一般要比传统的投资方式要少；另一方面，因为私人机构的有效示范作用，可以让政府公共部门的工作效率得到相应的提升，避免浪费，实现资源的最优配置。其次，PPP 模式是一种转变政府职能、降低财政负担的有效方式。一方面，PPP 模式能够让政府摆脱繁重的工作，从原来只是公共基础设施服务的提供者，转变为一个监督的角色，这样就能保证项目的质量。另一方面，在 PPP

模式中，政府是按照私人部门所提供的公共服务的数量和质量，对其进行分期支付，这就节省了政府的一次性巨额支出。而且，融资风险及责任均由投资者承担，政府不需要提供信用担保，这有利于政府降低隐性债务，极大地缓解了政府财政预算压力。另外，PPP 模式可以推动社会资本的多元化，加速社会资本的市场化进程。PPP 模式具有巨大的市场潜力及稳定的投资收益，能够有效地吸引多种来源的私人资本投资于公共基础设施，通过私营部门来提供资产和服务为政府部门提供更多的资金和技术。该模式的运用，推动我国公共事业经营管理工作不断朝着科学化、合理化的方向发展，对我国的公共事业投资与融资制度的改革大有裨益。

长期以来，政府的“垄断”模式被认为是理所当然的，但是，这种“垄断”模式，很容易造成“低效”“浪费”等问题。在公共设施与产品服务提供方面，通过 PPP 模式，政府部门可以更主动、更灵活地利用私人或私营部门的资金、技术优势，并同时保持对公共设施与产品服务的数量和质量的管理和控制。

在 PPP 模式下，公用事业和商品服务项目是由私营部门投资和运营的，只有私营部门及其所提供的商品和服务符合合约要求，才能得到相应的收益。私营部门的投入，不但能够缓解政府在提供公共基础设施和商品服务方面的资金压力，而且能够解决传统的由政府承担的工程所面临的工期超长、预算超支、质量差的问题。在公共设施与产品服务项目的建设与运营过程中，政府因为缺少专业人员和信息专业技术，常常不能有效地运作，很难向公众提供让他们感到满意的产品与服务。但是，私营部门具有专门的人才和部门，而且还具有研发能力，他们掌握着市场上最先进、最前沿的技术。PPP 模式能够使资源的使用效率最大化。此外，PPP 模式的种类多达 10 余种，具有多样性，这使得在该模式下的公共设施与产品服务项目不存在固定的模式，而是存在着一系列可能的选择和组合，因此可以适应公共设施与产品服务项目复杂化的需要。总而言之，利用 PPP 模式，可以解决公共设施与产品服务项目的资金、技术、人才、管理等问题，充分发挥政府部门、私人部门的优势与积极性，理顺内外部关系，达到优化资源整体配置的目的。

除了普通的公共服务设施产品外，一些学者还建议将 PPP 模式应用到旅游开发等公共项目中，并认为 PPP 模式能够提升旅游项目的运营效率和收益水平：它能够降低风险，从而吸引更多的企业进行投资；可以引入监督机制，对生态环境进行保护，可以引入大量的私人资本，减轻在旅游项目开发过程中对政府资金投入的压力，还可以解决旅游资源开发过程中出现的各种问题，对我国旅游业的健康发展起到积极的推动作用。

PPP 模式在我国有着广泛的应用和广阔的发展前景。一是 PPP 模式得到了政府各部门的大力扶持。政府机构为 PPP 模式提供了良好的发展环境，这是 PPP 模式得以实施的基础。在 PPP 模式中，政府必须站在保护和推动公共利益的立场上，负责项目的整体规划，组织招标，理顺各个参与机构之间的权限和关系，降低项目整体风险等，为项目的建设和运营提供有力的支持。二是我国法制体系的不断完善。PPP 模式下公私合作可以在项目设计、融资、运营、管理和维护等各环节中采用，健全的法律法规对参与各方形成有效的约束，这是最大程度地发挥各自的优势，弥补各自的缺陷的有力保障。三是民间资本的快速发展与充裕。当 PPP 项目启动时，一定要有足够的民间资本进行投资与运作，没有民间资本的参与，市场就无法运作。四是人才支撑。PPP 是一种被广泛使用的公私合作模式，它涉及技术、法律、金融等多个领域。PPP 的有效运作，必须有专门人才的储备和参与。

三、PPP 模式与历史文化资源数字化

近年来，PPP 模式在世界范围内引起了越来越多国家和地区的重视，并被视为一种普遍的公共行政和多学科管理的范式。PPP 模式可用于历史文化资源的保护与开发，以及数字化保护与开发。

历史文化资源的公共性，决定了它是一种“公共资源”，这就要求对其进行保护乃至开发，都必须是一种公共行政行为。阮仪三曾经在苏州平江历史街区的保护和改造中提出：要大力倡导大众参与，要走“公私合作”的道路，单靠政府或民间的投入达不到改造目的，要发挥国家、地方、社会等多方面的作用，在政府的宏观控制下，明晰各方面的投入和利益，多渠道筹集资金，才是

切实可行的。这显然包含着 PPP 的理念。王松华指出，文物的保存，也应该有多个层次，不能只有政府一种投资。私人企业和非营利组织等社会中间组织，参与到文化遗产的保护工作中来，中央政府、地方政府、私人机构、社区和个人、非营利组织，都有义务和责任参与其中。目前，我国许多地区都不同程度地运用 PPP 模式进行保护和开发。相对于其原始形态，通过数字化处理的历史文化资源更有可能转化为公共物品（服务）。在数字化时代，政府为人民提供历史文化资源的数字化产品（服务）已经成为一项不可推卸的责任。所以，目前各国和地区的政府部门都组织了大量的人力、物力，对历史文化资源进行数字化建设。与一般历史文化资源的保护与开发相比较，历史文化资源的数字化保护与开发具有更强的公共性，因此更适合采用 PPP 模式。尤其对于陕西省这类历史文化资源十分丰富的省份，其数字保护和发展是一项浩大而艰巨的任务，因此采用 PPP 模式就显得尤为重要。

首先，在使用 PPP 模式“寻找”和选择适合的民间或私营企业作为最佳合作伙伴时，可能会出现一些问题。一方面，潜在的合作私营企业是否具备充足的运营资金和过硬的专业技能，能否承担起相应社会责任，寻找这些合适的私营企业将会耗费大量的时间和资金；另一方面，政府公共部门在对私人机构招标的过程中，还存在着腐败现象。这些现象对项目运营不利，并会引起社会问题。

其次，良好的 PPP 运作有赖于良好的外部环境，如完善的法律和制度等。完善的法律法规等外部条件是应用 PPP 模式的一个重要前提。然而，在很多发展中国家和地区，法律法规往往还不够完善，合同环境也不够公开透明，而且政府政策缺少连续性，变化太快，会导致出现政策风险，这会使合作的私人机构难以对风险进行预测与防范。这样，在政策没有持续稳定的情况下，私募基金就会以较高的收益率来弥补其所承担的风险，也就是 PPP 模式对于民间机构来说，可能会有很大的政策风险，而且在项目执行的过程中，会因为政府政策的改变，而对项目的获利能力产生影响。

最后，PPP 模式下政府与私营企业之间的合作关系具有复杂性，致使合作双方之间的合作关系难以建立。在 PPP 项目的运营过程中，政府与民间机构之间不可避免地产生各种矛盾，如果不能及时解决这些矛盾，势必影响到项目的进展效率。这就要求 PPP 项目各参与方之间在管理和协作方面达到更高的水平。PPP 项目的回报率往往是政府与民间组织争论的焦点，因为这关系到双方的利益，所以需要双方进行多次沟通与协调。

第五节　以中间组织为枢纽的 PIPP 模式

PPP 模式存在的缺点和不足，促使人们继续探索更为优化的运营模式。PIPP（公私合作）模式作为一种以中间组织为中心的方式，在这种探索背景下逐渐受到关注，它在某些方面表现出更值得借鉴的特性，为公共项目运营提供了新的思路。

一、中间组织理论

在现代制度经济学中，中间组织理论是一种非常重要的理论。随着现代社会的多元化发展和跨学科之间的持续深入交流，目前的中间组织理论已经被许多学科所借鉴，并被应用于社会发展的多个领域。

罗纳德·科斯于 1937 年在他的经典之作《企业的性质》中提出了“公司与市场”两个概念，这两个概念对当代企业理论研究产生了深远的影响。随后，作为交易成本学说的代表，奥利弗·威廉姆森对“二分法”进行了深入的研究，在他的思想中已经隐约出现了中介机构的身影。

从 20 世纪末开始，随着各种中介组织的出现，如外包生产、供应链协作、战略联盟、网络组织、虚拟企业等，学者们开始了对中介组织理论的研究，并引起了对其“二分法”的批评。约翰逊与梅森认为，企业组织间应当存在一种互为调节与协作的网络，这种网络既可以不受市场定价机制的约束也可以不受官僚体制的制约。林德伯格等指出，公司和市场的关系并非单向的，公司的组织形式是多元化的，并且可以通过从外部购买资源、外包服务等手段回归到市场，来应对公司所处的不确定环境。拉森在提出“官僚制—中间组织—市场”三个层次后，在“官僚制—中间组织—市场”三个层次的基础上，引入“中间组织”这一概念，并将中间组织形象地比喻为连接“无形的手”与“有形的手”的桥梁。

随着社会主义市场经济体制的不断深化，国内经济学界开始将目光投向中介组织，姚小涛、蔡兵、罗珉、曾楚宏等具有代表性的学者对中介组织进行了探讨。孙建国进一步提出利用中介组织来提高企业的社会责任，朱朝枝和范水生提出在新农村建设中，应该鼓励中介组织的参与，并起到桥梁的作用；张苗荧指出，学校和企业之间的校企合作，可以有效地利用中介组织来提高学校的社会责任。田一淋及其他学者，亦将中介理论应用于具有公共性质的工程，如公屋、文化遗产保护与发展等。目前，中间组织理论已经不再局限于经济学领域，它在社会学、行政学、公共管理、职业教育等各个有可能存在合作的领域中，得到了广泛的认识和应用，其中包括公共项目的建设与运营。

从经济意义上讲，中介组织的实质是一种具有协同性和竞争性的准市场组织。中间组织是处于企业和市场之间的一种组织形态，一般情况下，它是以某一个产品或产业价值链为中心，自发地组织起来的，它是由一些独立的经济实体组织起来的临时性企业。伴随着各个国家的经济发展，各种形式的中介组织层出不穷。此外，在社会的其他方面，中介机构也是很常见的。中介组织自身，其最根本的理论依据就是公民社会理论。孟德斯鸠曾经用“中间组织”这个术语来描述“市民社会”，它是一种介于国家与家庭之间，却又独立于两者之外的领域。公民社会对应于一个独立的区域，它不受政府的干涉，它有助于协调市场经济运行中的矛盾。社会活动包含了政治、经济和社会三大领域，应该由政府、企业（私人）和中间组织来共同承担相应责任。

在新的历史条件下，中介组织作为一种新的经济组织，其作用日益突出。如果将中间组织放到整个社会的范围来看，它就不只是介于企业和市场之间，而是一个很广泛的概念，是一种体制上与组织上的创新，包含了不同性质的组织形式。只要是需要合作的地方，就有可能出现中间组织，它可以是企业与市场、企业与企业、企业与政府、政府与私人、企业与学校、企业与社会机构等主体之间。从性质上来看，中间组织与政府部门以及从事经营活动的企业都有很大的区别，它是联系政府、经济主体等多方进行交流的桥梁和纽带，是对各方关系进行沟通、协调、提供相关服务的机构。中间组织指的是在社会的每一个领域，能让需要合作的双方甚至更多方可以进行顺畅的交流，可以相互渗透，并通过一定的机制进行融合，从而形成一种具有相对稳定和独立的组织形态。

中介机构包含了营利和非营利两类机构。以会计、法律、信息和技术为代表的以营利为目的的中介机构，通常都具有企业特征，它们独立核算、独立经营和自负盈亏。以行业协会、同业公会和商会为代表的非营利中介机构，多数是为维护本行业的企业利益而自发组建，其资金主要来自成员单位的捐赠。不论是营利的还是非营利的中间组织，其共同的显著功能都能对政府、企业和市场起到辅助作用，具有很大的需求空间。

中介组织既具有市场性质，又具有政府性质，它依赖于两种控制方式，即价格机制与科层权力机制，从而实现资源的合理配置。这一方面是为了克服“市场失灵”，避免过高的交易成本；另一方面是为了解决政府工作中的低效问题，达到交易成本和组织成本最小化、效率最大化。然而，中介组织并非简单的市场和政府的妥协，它在协调和沟通各方或各方合作的过程中，具有显著的优势。比如，中介机构可以减少交易费用，可以缓解环境不确定性，可以提高企业之间的合作竞争力。

二、PIPP 模式的内涵及必要性分析

PIPP 模式实质上是对 PPP 模式进行了适当的拓展，是一种融合了中介机构的 PPP 模式变体。相对于 PPP 模式，PIPP 模式的研究则相对较少。田一淋等基于国内外私有化、合作经济和合作主义、市场失灵、制度变迁、制度均衡、协作和博弈论，对 PIPP 模式做了较为详细的探讨。

PIPP 模式其主要目的是利用中间组织来组织政府与私人部门之间的沟通与协调，从而构成三方力量共同推动公共项目运作的一种模式。在 PIPP 模式中，政府与民营企业之间并不直接沟通，而是通过中介机构协调分工与完成交易，中介机构在二者合作过程中发挥主导作用。

在 PIPP 模式中，中介机构之间的信息交流和协调起着关键作用。中介组织能够对微观运作进行直接组织与协调，而政府与私营企业则更多的是对各自

所承担的责任以及所签订的合同予以有效履行。中介组织凭借其独特的身份和丰富的资源，在制定项目进度方面比政府更具专业性。此外，在与政府合作的过程中，政府可将更多的精力投入应进入的领域，秉持该放手就放手的原则，明确自身权责，避免出现管理宽泛却低效的情况，进而提高政府部门的工作效率。另外，就组织关系来讲，PIPP 模式所融入的中介组织是一种超越了传统单一化组织资源分配方式的中介组织。PIPP 模式是一种具备“准政府”“准市场”功能的中介组织，它起到了“准政府”“准市场”的相应作用。

其中，政府、中介机构和民间组织构成了一个有机的整体。该有机体模型符合科学发展观，也符合社会组织在当今社会环境变化中从相互竞争到相互合作以追求“双赢”和“多赢”的趋势。同时，这种管理方式也符合了项目管理和社会管理的生态化发展趋势。

生态管理最早发端于美国，在 20 世纪 70 年代，它的目标是环境保护；20 世纪 90 年代，它在世界上掀起了一股研究与实践的浪潮。后来，它被广泛应用于企业管理、项目管理乃至政府管理等领域。生态管理是一门集生态学、生物学、经济学、管理学、社会学、资源学、系统论为一体的综合性应用科学。潘祥武等人在参考国外生态管理理论的基础上，总结出生态管理的实质是：运用生态学、经济学和社会学等交叉学科的原理和现代科学技术，对人类行动对生态环境的影响进行管理，力图平衡发展和生态环境保护之间的冲突，最终实现经济、社会和生态环境的协调可持续发展。

作为管理史上的一场变革，生态管理注重实现经济和生态的可持续发展，将传统的“线性、理解性”管理转变为“循环渐进”管理（也称适应性管理）。生态管理强调事物的整体性和系统性，它涉及所有有机体之间的相互依赖关系，它认为个人和社会都属于自然界的一部分，在生命系统中，各个组成部分之间存在着错综复杂的关系，因此，必须运用整体论和系统的思想，来对经济和政治事务进行指导，以寻求社会经济系统和自然生态系统的协调、稳定和持续的发展。在此基础上，从保守性转向民主性、开放性。

以生态管理理论为基础，PIPP 模式强调了政府、中间组织与私人机构（企业）之间的动态平衡，强调“循环性渐进式”的管理。在模式有机体中，这三个方面相互依存、相互影响，并且可以让更多的人参与进来，形成民主、协调开放的局面，这有利于资源的最优配置，进而有助于公共项目的科学、和谐、可持续推进。PIPP 模式顺应了社会和时代的发展要求，在众多的公共工程建设中，它的推广和应用具有重要意义。

从生态管理角度解读采用 PIPP 模式的必要性，直接 PIPP 模式的必要性一方面是间接的，体现在对 PPP 模式缺点的弥补，适应由二元结构社会向三元结构社会的社会结构变化，并通过中间组织来应对政府失灵与市场失灵的双重失灵。

首先，PIPP 模式下政府部门可以将项目合作伙伴的选择、相关的事前事后监督等事务委托给中间组织，而中间组织具有独立性、非市场性以及较强的沟通与协调能力，使得政府与民间组织之间无须直接接触，从而规避了一些政府部门可能出现的“寻租”等贪腐行为，极大地弥补了 PPP 模式自身的不足。其次，随着现代社会的发展，一些重要的中间组织正逐步占据主导地位，社会结构发生了变化，从“私有—国家”的二元格局转变为“私有—中介机构—国家”的三元格局。在这种三元结构的社会系统中，需要关注数量众多的多元化的中间组织，它们通过合作和协调来应对社会运行中的各种不确定因素和机会主义的行为趋势，再加上原来的二元势力，三者可以充分发挥各自的优势，相互补充，从而形成一个有机的 PIPP 模式。最后，在社会运行过程中，不可避免地存在着信息不完全、竞争压力不足等问题，这一方面导致政府对市场进行了过多的干预，或者是官僚主义、官僚作风、权力寻租等问题，从而造成经济的无效率和政府失灵；另一方面，也会造成经营决策滞后、供需失衡、失业等问题，不能有效地分配货物和劳务，导致了市场失灵。市场和政府的失灵，常常相互作用，导致了政府和市场的双重失灵，造成了严重的社会问题。PIPP 模式是一种以中间组织为核心的、能够有效解决政府和市场两种失效问题的良好需求机制。

三、PIPP 模式的历史文化资源数字化保护与开发

PIPP 模式与 PPP 模式的共同特征是：吸引私人部门、社会力量对公共产

品与服务进行投资，让全社会不同组织和广泛公众共同参与。PIPP 模式是从 PPP 模式发展而来的，它的优点表现在能够吸纳更多的组织和更广泛的人民群众参与，特别是在与 PIPP 模式有着紧密联系的历史文化资源的数字化保护与开发方面。香港的文化遗产与古代建筑的保护与发展，在这方面具有一定的代表性。香港的 PIPP 模式已获得成功，可向其他地区推广，将其应用于具有较高公共性的历史文化资源数字化保护与开发。考虑到社会与经济两方面因素，在这一过程中更需要大众参与。PIPP 模式的突出特征是有中间组织参与。因此在数字化保护和发展过程中必须有大量的民间组织参与，但由于政府部门不能直接和大量的私人机构打交道，因此，还需要一些相关的中介组织来进行协调和交流。政府、中间组织、私人机构三方的充分配合，历史文化资源的数字化保护和利用就能取得最大的效益。

在 PIPP 模式下，政府机构仅承担“领导监管”的职责，即“宏观管理”“政策制定”“工程验收”等职能。近几年来，我国政府一直在进行职能转变，政府的职能也在进行调整，包括让渡和扩展，也就是政府与企业以及其他非政府组织之间的职能的重新调整和组合。政府职能的重心应该向经济调节、市场监管、社会管理、公共服务等方面转变，要当好“掌舵人”和“监管者”，把其他职能外移给市场、社区、中间组织。许多原本应该由政府管理的领域转交给了社会团体，实现了适度的权力分散，形成了一种新的高效率的局面。

在 PIPP 模式下，中间组织是文物数字化保护和发展的主要力量和协调中心。在社会发展过程中，中间组织日益成为不可或缺的一部分，这也是我国经济发展的必然趋势，而政府和民间组织也越来越倾向于通过中间组织“握手”。社会上众多的会计师事务所、审计师事务所、公证事务所、专利事务所、咨询公司、资产评估中心、资信评级中心、产品检验中心以及有关商会、协会等组织，都可以作为历史文化资源数字化保护与开发的中间组织。

私人机构是 PIPP 模式下历史文化资源数字化保护与开发项目的实施主体。要想实现历史文化资源的数字化保护与开发，就必须具备一些先进的操作技术和经营策略，而许多技术一般都掌握在私人机构或与其密切合作的科研院所手中。此外，私人机构相比于政府组织中的官僚作风，其工作的高效率也是众所周知的，尤其是在公共工程领域。以陕西省为例，其不仅有一批掌握了先进的数字化技术的大公司，而且还有一批专业从事数字文化技术研究的机构。像西安长风数码文化科技有限公司，就可以用三维技术来处理文物，从而实现对历史文化资源的全面保护和利用，此外，西安荣信文化产业发展有限公司可以进行历史文化资源的数字出版和传播，将历史文化资源的数字信息传递给其他行业。当然，如果是大规模的数字化保存与发展，也可以通过中介组织的形式，委托外地有丰富经验的民间机构进行。

综上所述，在 PIPP 模式下，历史文化资源数字保护和发展的具体运作和执行层面，应属于私人机构的经营范围。在项目的实施过程中，他们必须考虑到自己的技术，也必须考虑到相关研究所的技术，归根结底还是要看结果。

第六节　文物数字化保护与开发模式选择

通过对多种模式的分析和探索，我们可以发现，相对于弥补其他模式的不足而言，PIPP 模式在解决历史文化资源数字化保护与开发过程中所面临的资金问题、管理问题、政府和市场失灵、利益分配问题、规避寻租、提高效率等方面都发挥着极大的作用，这对推动历史文化资源数字化保护与开发，并带动省域社会经济文化发展都是大有裨益的。然而，就目前国内和国外有关产业的实际情况来看，PIPP 模式在很大程度上仍停留在理论探讨阶段。受多种因素影响，该模式尚未推广。目前在对历史文化资源数字化保护与开发模式的选择中，应在保障政府模式良好运作的基础上结合实际情况，综合选择或企业模式、私人模式、PPP 模式和 PIPP 模式。当然，在理论上，PIPP 模式是一个更好的模式，值得我们在这个方向上继续探索。

一、政府模式是基础和契机

目前，最主要的是以政府为基础开展历史文化资源的数字化保护与利用。结合当前的社会经济发展状况、政府作用的重要性以及 PPP 与 PIPP 等模式的运用情况，在未来很长一段时间内，历史文化资源的数字化保护与开发都需要将政府模式运作起来，将其作为基础和契机，利用资金政策扶持、政府买单、培育市场等方式，带动其他模式发展。同时积极扶持文化企业或相关企业并培育中间组织，努力向理想的 PIPP 模式转变。

在当今社会的发展过程中，国家对私人机构和中间组织的发展负有不可推卸的责任，这也是历史文化资源数字化保护与开发的重要内容。所以，在历史文化资源的数字化保护与开发中，政府的管理方式是当前较好的选择，其他管理方式起辅助作用。然而，由于政府模式存在不足，要应对庞大工程带来的财政压力，并且要顺应社会和时代发展趋势，所以政府模式不能成为唯一选择，它只是一种过渡。它可以成为带动其他模式发展的机遇，发挥出良好的过渡作用。当其他模式（如 PIPP 模式）变得成熟和有效时，政府模式就可以适当退居二线。

上述状况表明，目前的历史文化资源的数字化保护与开发更适合采用政府模式，但要尽量弥补其不足。这就需要各级政府乃至国家层面及其有关部门充分认识这一点，集中必要的财力、物力与人力，提升管理水平，调动有关人员的积极性和主动性，充分发挥政府的作用，做好历史文化资源数字化保护与开发项目中的各项工作，政府模式的作用最大化。例如在曲江新区，陕西的文化产业具有“官办”和“企业化”的双重属性，形成了“曲江模式”，这种模式具有一定的发展优势，符合陕西历史文化资源数字化保护与利用的需要。

鉴于当前社会、经济的发展状况以及对历史文化资源进行数字化保护与开发的紧迫性，应长期采取政府管理的模式，由政府和有关部门对历史文化资源的数字化保护与开发发挥决定性作用。利用好这一管理模式，将会促进相关产业和项目的发展。

在数字化背景下应积极探索建立“数字博物馆”和“非物质文化遗产资源库”的新途径，并在此基础上进行有益的探索，为历史文化资源的其他数字化保护与利用模式提供可靠依据、技术和思想模板，并为其他模式创造良好的社会氛围。特别是目前的政府运作方式，能够极大地激发民间运作方式的积极性和主动性。政府和有关部门利用政府运作方式，动员各方力量，培养相对成熟的市场和中间组织，促进民间运作方式的改进和 PIPP 模式的推广。同时，在发展过程中，必然建立一系列的政策和法规体系，这对其他模式的发展有着非常重要的意义。

二、综合选用模式

关于历史文化资源的数字化保护与开发，从目前来看，政府模式是较好的选择，但这种选择不是绝对的，要根据全省不同地区、不同历史文化资源形态、不同品相、不同的市场和中间组织的成熟度、不同的项目和不同的发展阶段来综合选择。

依然以陕西为例，陕西具有十分丰富的历史文化资源，且遍布省内城乡多个地区。目前，在陕西省，城乡、地区之间，社会经济发展存在着不同程度的差距，比如西安市和神木市，民营经济和企业的规模都比较大，同时还存在着一些中间组织等，因此，可以优先选择民营经济、企业、PPP 等模式，甚至是 PIPP 模式，而政府模式则是次要的。陕南部分地区经济和社会发展相对薄弱，在这种情况下，应采用“以政府为主导、以其他方式为辅”的方式。

陕西历史文化资源可分为三类，即文物古迹、古籍文献及历史文化类书刊和非物质文化遗产。由于文物古迹种类繁多，其数字化转化的难度也比较大，所以要么采取集中财力、人力与物力的政府模式，要么采用大型企业模式或者是 PPP 模式。古籍文献及历史文化类书刊的形式较为简单，它们以文字为主，因此可以很容易地将它们进行数字化转换。而且，这些书籍中有很多被私人所掌控，只要有一定的资金支持，私人模式就可以实现。当然，对于那些被市场看好的历史文化内容，在目前的数字化阅读时代，企业模式无疑会更合适。非物质文化遗产类的历史文化资源较为复杂，它本身具有动态性，属于一种现象。其中，数字文本和数字视频是其最基本的数字化保护和开发形式，而在此基础上，还可以形成各种形式。在非物质文化遗产相对简单的数字文本与数字视频阶段，私人模式就可以获得一定的成果。但是，如果想要实现一定的规模或系统化，或者相应的非物质文化遗产数字化产业开发拥有很好的市场前景，那么企业模式与政府模式等必须跟上步伐，并有可能形成 PPP 模式。无论是采用私人模式还是政府模式，都有利于持续推进非物质文化遗产数字化保护与开发工作。同时，相应的企业和中间组织也在不断地壮大，因此可以适时地选择 PIPP 模式。

陕西拥有非常丰富的历史和文化资源，其品质参差不齐。越是高级的历史文化资源价值越高，越是国家珍宝就越属于公共文化财富。在现阶段，对于全省各大博物馆和秦始皇兵马俑这类高级历史文化资源，应加大政府管理模式下的数字化保护和发展力度，特别是数字化保护，这样才能更好地服务于数字时代的人民群众。然而，历史文化资源的品相越高，影响力越大，具有更大的市场潜力，相关的文化企业对它的兴趣就越大，越容易采用企业模式。这两个原因决定了在数字保护与开发工作中，人们对 PPP 模式的偏爱。此外，对于具有较高品质的历史文化资源而言，中间组织较易成熟，因而更适宜于向 PIPP 的理想模型发展。

在陕西历史文化资源的数字化进程中，高价值的文物必须进行数字化的保护和利用，低价值的文物也不能被忽略。从选择最优方式的角度来看，以私有方式为主，将多种方式结合起来，才是比较好的选择。

我们可以意识到市场和相关的中间组织的成熟程度会对模式选择产生影响。PIPP 模式离不开中间组织，中间组织越成熟对 PIPP 模式的运营与发展越有利，而市场的成熟度则更是与企业参与的运作模式有着紧密的联系，企业模式、PPP 模式与 PIPP 模式均是如此。除“品相”等对市场状态有影响外，“数字文物”保护和利用的深度以及政府和有关部门的“市场”培育也是重要原因，而“ 中间组织”的成熟更是与这两个方面密切相关。总体来说，对于历史文化资源的数字保护和开发，越是深入，其市场和相关的中间组织就会越成熟。随着政府和有关部门的大力培养，它们会变得更加成熟。这主要是由三个方面的原因决定的，一是这些因素自身的特点，二是它们所处的市场环境，三是中间组织的发展状况。在市场不够成熟的情况下，政府模式、私人模式等非市场型模式是较好的选择。随着市场的不断成熟，PPP 模式、完全的企业模式可以逐步进入。在此过程中，中间组织也会越来越成熟，PIPP 模式更是一种理想的选择。当然，历史文化资源的数字化保护和发展的市场以及相应的中间组织的发展都是一个很复杂的过程，我们可以采取多种方式来应对。

历史文化资源的数字化保护与开发是一项十分庞大的工程，它涉及数字采集与处理、数字保存与管理、数字展示与开发等众多不同的工程、不同的阶段，情况十分复杂。在对历史文化资源进行数字化收集和处理方面，所需工作量并不大，私营模式基本可以解决。而且，对历史文化资源进行数字化保护和管理，也是建立在传统方式上的，博物馆等部门通常都有丰富的经验，所以私营模式更适合。而对于历史文化资源的数字化展示和发展，因为涉及市场化的问题，可以采取公司经营，也可以采取 PPP、PIPP 等模式。

总之，模式选择是为有效推进历史文化资源的数字化保护与开发服务的。模式选择不是固定的、僵化的，而要以具体的情况为依据，进行综合选择。

三、PIPP 模式是努力的方向

结合实际选择合适的发展模式是一条科学且行之有效的途径。PIPP 模式是一种综合模式，包含政府或其部门、企业（私人）和中间组织，能调动广泛社会力量参与历史文化资源的数字化保护与开发。它是一种较为理想的模式，但具有一定的随机性，要结合当地的实际情况选择运用。

首先，PIPP 模式既是一个综合性的模式，又是一个战略性的架构，能够针对数字历史文化资源的特点，着重强调各要素在数字历史文化资源保护和利用中的角色。如果需要强化政府在项目中的作用，要么在 PIPP 模式框架内，可以突出政府及其部门的角色，相对弱化其他部分；如果要突出私人机构的作用，可借助政府、中间组织、企业等多种力量来实现；如果要强化企业在项目中的功能，那么企业的功能就会被最大化，其他部分相应弱化。

总体而言，PIPP 模式具有很强的弹性。在此基础上，运用 PIPP 模式对历史文化资源进行数字化保护和开发，便有了相对较好的基础。

其次，基于新公共管理学的 PIPP 模式是符合时代发展要求的成果，其优势主要体现在特定的项目运作上，并且在社会发展众多公共物品和服务的供给中得以体现，因此，将 PIPP 模式运用于历史文化资源的数字化保护和开发工程，是一种必然的发展方向。目前，我国的社会主义市场经济已经逐渐形成，政府正在尽可能地转变职能，将能够交给市场与社会的事务都尽可能地交给它们，使得公共物品与服务的供给在许多方面也已具备了 PIPP 模式所需的要素。从陕西省的案例中我们确认 PIPP 模式在历史文化资源的数字化保护和开发中是可行的。

最后，陕西历史文化资源的数字化保护和开发是一个巨大的工程，也是一个新的开始，因此，政府必须做出一个正确而科学的战略决策。在 PIPP 模式的实际运作过程中，具有相当规模的关联民营企业、中间组织是实施该模式的先决条件，这需要省委从战略层面上重视关联私人机构、中间组织的培育，并鼓励它们参与到历史文化遗产的数字化保护与开发中去。历史文化遗产的数字化保护和开发 PIPP 模式一旦启动，将主要由特定的中间组织和私人机构来承担，政府不再介入具体的运作，而是将项目的过程和质量等方面的监督和验收工作交由相关中间组织来完成。由此，历史文化资源的数字化保护和利用也就进入了全面的 PIPP 模式运作阶段。

第五章
虚拟技术在文物陈列和保护中的应用

第一节　我国文化遗产的保存和陈列状况及其意义

一、我国文化遗产保护状况

我国是世界上最古老、最辉煌的国家之一，同时也是世界上唯一的历史文化保留从未间断过的国家，幅员辽阔、人口众多是我国的典型特征。海量的古籍、无数的古迹、无穷无尽的宝藏，无不显示出中华文化的博大精深和久远辉煌，也为各民族和谐共存、谱写文明的新篇章开辟了一条崭新的道路。从国家的领土完整以及民族的历史遗留问题等方面都要求对历史文化遗迹加以确认和保护。近年来，中国文物古迹的保护形势日趋严峻，文物古迹的安全面临着巨大的挑战，我们的文化遗产保护工作遇到了严峻的考验。造成我国文物古迹保护形势如此现状的原因有很多，其中包括了管理和认知方面的问题。比如，对历史悠久的城镇和古建筑保护技术的落后，这些都明显成了对历史文物保护的制约因素。一些有价值的文物或者是有必要保护的遗迹，在被发现的初期就已经开始快速崩塌。由于技术的落后，再加上没有科学、合理、有效的保护方法，很多历史遗迹都遭到了破坏，迄今为止，很多专业学者都束手无策。

中国文物所是目前国内仅有的一家专门从事文物保护工作的国家机构，其下属有：敦煌研究院、南京博物馆、西安文物保护与修复中心、湖北省博物馆、荆州博物馆、上海博物馆、国家博物馆、故宫博物院、陕西省考古研究所、四川省考古研究所等，这些机构都拥有自己的文物保护研究机构，在文物保护技术与修复技术上都有自己的特点与优势。

此外，中国科学院自然科学史所、硅酸盐所、遥感所、中国科技大学、中国地质大学、西北大学、北京大学、北京科技大学、北京化工大学、浙江大学等多个科研机构的专家、学者长期从事文化遗产保护的基础科学研究，并取得了一定的成果。在西北大学、北京大学、复旦大学、北京科技大学、西安交通大学等多所高校都已设立了文物保护专业，并为其提供了大量的科技与文化方面的专门人才。

到现在为止，我国文物系统中的专业技术人员还很少，技术力量还很薄弱。中国古物研究所，被称作专业研究机构，其技术人才更是凤毛麟角。这些专业人员大部分是化学、地理、建筑等专业的本科毕业生，他们在毕业之后就一直从事文物保护的工作，虽然他们的工作时间很长，经验也很丰富，但对于历史文物的各种特征来说，他们还处于初级阶段，各学科之间的相互影响、交叉应用的能力还有待提升，还需要增强他们的创新和实践意识。而且资金也是有限的，只能够投入重要文物的抢救，而对文物保护的基础科学与技术的投入是少之又少。

与文化领域其他事业的资金投入相比，文化遗产保护的科学技术资金可以说是少之又少。目前，我国对文化遗产保护的科研资金投入非常有限，目前，我国对文化遗产保护的科学研究，仅分布在极少的区域，很大一部分省、市根本就没有。人类活动和自然活动对文化遗产的保护构成了严重的威胁。其中，人的原因主要有：对环境污染的认识不够、经营失误等。保护与管理体制的不健全，导致了文化遗产的毁坏。中国文化遗产保护科技发展路径有别于别国的错误认识和理念，在一定程度上限制了我国传统文物保护基地的建设。收藏文物、古玩的方式十分隐秘，不为外人所知，藏污纳垢是对传统艺术的一种冲击与阻碍。即便在以科技为核心的文物保护理念下，传统的产业观念依然保守，缺乏交流意识，信息闭塞，对中国文物保护的制约也在制约着保护科学方面的发展。没有明确的研究方向、反复出现相同的问题、高校没有参与机制、没有组织协调等，这些都是亟待解决的重要问题。至今，中国文化遗产保护的科学与技术发展、学科发展，停滞、盲目、重复、缺少创新的题材。针对性不强，研究重心不集中。考核制度、宣传制度都要有科学性。

二、文化遗产保护和陈列的重要性

我国是一个多民族的统一国家，56 个民族共同创造并共享中华民族的悠久历史和辉煌文化。任何一个国家，都必须从自己国家的史迹中去认识自己国家，从别国的史迹中去理解别国的文化。

从一定意义上讲，历史文化遗产是维护国家统一的纽带。通过对后人的教育，让后人了解我们中华民族勤劳、仁爱、勇气、自信、坚韧的民族精神，将中华民族的优秀传统不断传承下去，让后人感受到身为中华民族的骄傲，这也是我们要对历史文物进行保护的原因。这对于培养新一代中华民族优秀的接班人，具有十分重要的现实意义。历史文物是人类生存和发展的重要载体。正是由于它的存在，史学家们才能获得最直接的历史信息，这对科技创造和文学艺术的发展具有重要的意义。可以说在没有任何文献记录的情况下，如果没有实物材料，也就谈不上历史研究了。

通过对现有的丰富的文物材料的分析，我们可以更好地梳理出我国很多专门的学科的历史发展脉络和演变过程。正是因为有了这么多的历史文物和历史文化遗产，现在的科技创新才得到了快速发展。很多古代的科技成果和艺术成果仍然被应用到了现在，人们从古代文物中探索出的知识也被应用到了现代科技和文化领域。只有对文物进行有效的保护，才能在科学、文化、科技等方面发挥中国特色社会主义的重要作用。

众多的历史文物在各方面都展示着中华民族的精神风貌，是我们国家优秀的传统文化和创新能力的实物见证。在学习和欣赏文物的过程中，人们可以受到很好的启发，也可以受到很好的陶冶。在欣赏文物的过程中，甚至可以得到中国传统道德和美学价值观的熏陶。

中国文物对于推动我国同其他国家的文化交流，增进友谊，起到了很好的桥梁作用，有着很强的现实意义。我们要站在弘扬民族文化、振兴民族精神、实现民族复兴的高度，来认识到文物保护的重要意义，并意识到尽量将前人留给我们的宝贵遗产完整地保存下来，并将其传之于后代。

三、建筑文化遗产保护的历史进程

（一）文物保护方面的传统复原与复刻技术的运用及其前景

1. 文物保护方面的传统复原与仿造技术

中国幅员辽阔，物产丰富，历史悠久，文物种类繁多。然而，这些古老的文物，却在历史的长河中受到了不同程度的损伤，比如，古老的木制建筑出现了裂痕，石制艺术品出现了崩塌，金属文物出现了锈迹。对于这些亟须拯救的文物，我们要做好保护工作，使这一古老而又璀璨的文明得以延续。文物的保护和修缮是相互依赖的，修缮的目的是对其进行更好的保护。

对传统工艺进行修补和复刻，是一个非常有技术含量的工作。目前，我国各大博物馆所藏的文物中，有相当数量的破损、待修补的文物，这些文物种类繁多，修补的方式也不尽相同。比如，对于青铜器、陶器、石器等文物的修复与复制品，第一道工序就是翻转。根据不同的器型、不同的胎型，其翻模的方式也各不相同。在对文物进行修复和复制时，常常会碰到一些形状复杂、图案复杂、花纹精细的文物，如果采用灰泥进行翻模，很难取得理想的效果。如分块较多，模缝稍大，合模时易发生错位，胎体较薄，在翻出时稍有疏忽，便会摔得粉碎，给古物带来人为的损害。因此，这就需要修复者要具备多方面的知识，要有多种方法相结合，才能灵活应用。

2. 将数字技术与传统复刻技术相结合用于文物保护的前景

随着科学技术的进步，我国文化遗产的修缮工作也呈现出了如下的发展趋势。（1）利用多种现代仪器对被修复的文物进行年代测定，并对其组成材质、制作工艺、质量变化规律、维护措施等进行分析。（2）现代文化遗产保护的发展趋势是现代文化遗产保护与传统文化遗产保护的有机融合。在对各种化学和冶金材料的研究中，借鉴了国内外最新的科学研究成果，并将其运用到文物的修复中去。（3）利用电脑与多媒体技术，将各种文物修缮方法的文献资料、技术公式、工艺流程等进行存储。利用电脑进行文物复原。因为大多数的修复品都是不完整的，所以只需要将不同种类、不同图案、不同时代的物品输入电脑中，就可以通过电脑来恢复。运用计算机还能调配出不同的黏合剂，涂料的颜色等。可以说文物修复是一门集自然科学与社会科学、传统技术与现代技术、技术与研究为一体的边缘科学。

（二）在文物保护工作中，传统的手工制图方法的运用与不足

我国于1956年开展了首次国家文物普查，20世纪80年代则开展了大规模的文物保护工作。在这一阶段，我国的文物保护工作是以文物调查、文物基础测绘为主要内容的基础性工作。在此过程中，主要使用的是手工测绘（人工攀登、搭架、逐点测量）或临摹的传统方法。之后，在调查的基础上，一般会形成对重要文物的介绍、对文物的时代特点的分析、对古建筑尤其是重要建筑结构的认识和研究等。

在此期间，四川利用人工制图技术，进行了一系列的文物保护工作，取得了显著的成果。在古建筑雕刻上，当地文物工作队的专业人员与考古队的专业人员配合，通过查阅文献，对考古发掘的坟墓和出土的遗物，进行了建筑史上的研究。通过对野外考古工作的深入研究，以及对考古理论与方法的了解，使考古理论与方法得以应用。运用比较成熟的考古学田野调查的经验，将文物勘察设计及文物保护规划编制进行前期调研工作，从单纯的针对文物本体，扩展到与文物本体有关的多个方面。例如，在古建筑的勘察设计中，不仅要考察古建筑本身，还要考察古建筑的环境以及古建筑的历史痕迹。一些庙宇里有雕像，但都被破坏了，我们可以从地上的一些痕迹来推断雕像的位置和规模。在完成文物建筑勘测设计方案的前提下，按照考古调查纲要的要求，由考古学家编写被测古建筑的调查纲要，并将被测古建筑的基本信息公开，以便于学术界的研究。四川古代雕刻研究论文主要有两种形式：一是以李显文《泸县龙脑桥》、吴觉非《峨眉山与万年寺》为主，以实地调查为代表；二是根据对古建筑结构的了解来判断建筑年代，例如《梓潼盘陀石殿建筑年代初探》《龙脑桥的结构与雕刻艺术》《剑阁觉苑寺大殿建筑及大木结构初探》这些文献对于今天来说，仍然具有一定的指导性。

然而，传统的人工制图方式存在不足。此法制图周期长，需要大量的人力和物力，而且还存在一定的危险性，在制图过程中，还会对古代建筑和文物造成破坏。于是，它就被后来出现的近景影像制图技术所取代。

四、以影像形式记载和传播建筑雕塑类文物的保护阶段

（一）摄影是文化遗产保护的基础性工作

摄影在文物保护工作中得到了非常大的应用，它可以用真实直观的形象来弥补文字记录和绘图记录的缺陷，再现文物保护工作中发现的、有些是稍纵即逝的瞬间现象，将古人遗留的文物精粹、艺术珍宝，形象地展现在人们的面前。图片是古代建筑、文物的原始面貌，是古代建筑、文物的一个缩影，具有较高的科研价值。有些古老的建筑物，因为某些不可预知的因素，比如火灾、洪水、地震、雷击等而遭到破坏。这些图片也可用作历史研究和艺术借鉴。有很多古代建筑的图片，因为没有实物，或者已经发生了变化，所以这些图片就变成了文物。中华人民共和国成立后，我国文物照相事业经历了由黑白照片向彩色照片、胶片照片再向数码照片转变的历史进程。在数字照相机问世以前，对于文物的保护来说，采用传统的照相方法是有缺陷的。因为在传统的方式下，文物的照片和材料都是用纸质的照片和胶片来保存的。随着岁月的流逝，这些照片和胶片都有可能出现褪色、发黄、发霉等问题，安全性大大降低。随着数字照相机的问世，将文物影像资料转换成数字储存，极大增强了文物资料储存的安全性。

（二）以乐山大佛为例，近景摄影测量已成为文物制图的一种重要手段

在 20 世纪 90 年代，随着现代社会对文化遗产的深入研究和利用，对文化遗产进行了大量的研究和应用。其与人工制图相比，具有显著的优越性。（1）在测量时，不需要与被测对象进行任何接触。（2）能够获得被拍摄对象的瞬时信息。（3）图像内容丰富，具有较强的真实感。（4）相对于传统的人工制图，数据的长期保存更加方便。（5）与传统的人工制图方法比较，制作出的图像种类繁多，质量较高，能提供平面、立体、剖面、等值线等各种图形。（6）相对于人工勘测，可大幅度降低内、外业作业，可节省 50% 以上的成本，工作效率可提高 5 倍以上，经济、社会意义十分明显。此时，将近景摄影测绘技术应用于文物保护，为古建筑雕塑文物提供了可靠的技术资料和科学的档案资料，

其结果基本达到了高精度，表现完整、详尽、合理，能够满足文物保护的需求，因此得到了业界的充分认可。

五、以现代数字技术为基础的建筑雕塑保护与复原

21 世纪以来，随着信息技术、测绘技术的进步，越来越多的地方开始使用数字化的手段来保存和保护文物信息，这使得保护的科学性和安全性得到了极大的提升，同时也增加了保护的传播性和普及性。数字技术是文化遗产保护的重要发展方向，也是文化遗产保护的重要手段。

（一）利用 3D 激光扫描恢复大型文物的研究：乐山文庙大成殿

三维激光扫描仪，亦称“真实场景复现技术”，是一种在高效率和高精度上都能取得突破的新技术。三维激光扫描技术是基于激光测距的基本原理，通过对被测对象表面上的大量密集点的三维坐标、反射率、纹理等信息进行测量，实现对被测对象的三维模型以及各种线、面、体等图形数据的快速重建，进而获得高精度、高分辨率的三维模型。

四川乐山文庙大成殿内，采用 3D 激光扫描技术，通过对大成殿内点云数据的采集，建立大成殿内的 3D 数字文件，并对其进行 3D 重构与信息提取，是大成殿内大型文物复原的成功范例。首先，在进行 3D 激光扫描前，对大成殿内的古建筑进行实地考察，全面分析并控制古建筑的整体状况，构件的材料与颜色属性，以及在实际应用中的数据要求。其次，根据上述分析，制定了详细的扫描方案，即采用 RTK 技术在建筑物外围布设控制点，并利用全站仪布设在建筑物内部。本项目拟以 Z+FIMAG-ER5010C 型地基高精度 3D 激光扫描仪为主控设备，在尽可能多地获得 3D 空间数据的基础上，进行多点扫描。所以，多将台站设置在柱之间，使两个台站之间的距离为 20%~30%。采用磁力转动的靶子或纸板的靶子作为数据拼接的靶子，为确保数据的准确性，每个站点布置 4~5 个靶子，并采用高精度的全站仪对其进行三维坐标测量。在建筑顶部，利用脚手架进行数据采集，在局部遮挡区域，利用手持 3D 激光扫描仪进行补充数据采集。在进行扫描的时候，应该记录并画出各个扫描站点的相对位置和控制点的草图，为后续的数据处理做准备，并且要及时地检查扫描数据，

如果发现有遗漏的数据或者有显著的错误，就应该进行补充扫描。对内业点云数据进行降噪、拼接等处理后，可获得真实的立体场景数据。从这些数据中，我们可以得到建筑的平面图、立面图、剖面图，并建立与之对应的三维模型。到目前为止，数据的采集与预处理工作已经完成，将原始数据与处理后的数据有效地保存起来，为文物建立起一系列的真三维数字文件。该档案不但能完整地保存文物的立体空间信息、质地信息、颜色信息，而且可用于维修设计、宣传展示等方面。

然而，目前三维激光扫描技术在我国古代建筑文物保护中仍面临着以下问题：因被测对象反射率差异造成的数据丢失或畸变；面向复杂构造对象的数据准确性检验；因数据收集及文物保护工作对各学科的需求而引起的数据获取与信息提取的不协调，以及后续数据在文化研究、美学研究等领域的扩展应用。

（二）数字化媒介在文化遗产保护中的发展和应用：以广元千佛崖洞为例

数字化媒介时代，网络数字化博物馆的大众参与和数字化媒介交互等创新文化思想，为石窟美术资源的发展和传播带来了更多的可能。广元千佛崖石窟的石雕，形态各异，以其古老、数量多、精细、美丽而著称。数字化博物馆的兴起，为促进千佛崖石窟文化的发展，提出了一个很好的设想。数字化博物馆是利用虚拟现实技术、三维图形图像技术、立体显示系统等，将现实中存在的实体以三维立体的形式完全展现在网络上的博物馆。它打破了以前在网络上，单纯以图片和文字为主的网络展品呈现模式，采用音频讲解、实境模拟、立体展现等多种形式，让用户可以在互联网上身临其境地观看展品，从而更方便、更直观地了解石雕艺术等历史文化遗产。其中，故宫数字美术馆就是一个典型的互联网数字化美术馆，从这里可以看到故宫的全貌。针对广元千佛崖石窟的特征，利用国际因特网和千佛崖内信息网作为信息框架，将千佛崖石窟中的优秀造像作品与电脑网络相融合，将其转换成真实的、立体的、数字化的展览馆的功能完全发挥出来。在网络上对石窟进行数字化展示具有诸多优势。首先，网络技术打破了时空的局限，可以随时随地在互联网上进行观察、体验；

其次，可以整合和提升实体石窟艺术，利用多媒体技术，创造出逼真、生动的展示效果，提供丰富多彩的知识和信息。最后，因为不受空间的约束，观众可以自由地在各个展览馆、各个版面间穿插，这使得观众可以完全自主地浏览藏品，同时欣赏石窟艺术。

在数字社会的大背景下，人们对平面、静止的媒体已不满足，而更倾向于采用有参与性、动态性的媒体。目前，通过交互式游戏媒体的形式来进行文化遗产的传播的事例也日益增多。比如《古墓丽影》里的洞穴，就是以柬埔寨的吴哥窟为原型，经过数字艺术的发展。这个游戏的发展使得吴哥窟得到了更多人的关注。此外，中国武侠小说《墨香》也是一款以敦煌石窟和龙门石窟为原型的网游，并以此为蓝本。广元千佛崖石窟的开凿工作，以唐、宋为高峰，画龙点睛，古意盎然，饱含着浓厚的历史感。千佛崖的历史故事、开凿过程、造像风格，这些都是数字化媒体发展的好材料。数字媒体的石窟美术游戏，不但让广大群众认识到石窟美术的神韵，更让广大群众参与到文化互动中，让他们的文化观念深入人心。因此，将当代数字媒介的艺术表达方式与传统石窟的经典之作相结合，是对其进行开发利用的一种行之有效的方法。

（三）以混合现实（MR）为基础的数字视觉艺术在文化遗产保护中的创新性研究

混合现实（MR），它不仅包括了虚拟现实（VR），还包括了增强现实（AR）。MR 是一种建立在前两者基础上的混合技术形式，它非常巧妙，是一种既继承了这两种技术的优势，又摒除了这两种技术的大多数缺点的新兴技术。MR 能够构建出一个将真实世界与虚拟世界相结合而生成的新的可视化环境，并且在新的可视化环境中，能够让实体与数字对象同时存在，并且能够进行实时交互，这是虚拟现实技术的一种深入发展。从现实向虚拟的不断演变这一进程涵盖了现实与虚拟物体的全部变体与成分。米尔格兰姆在 1994 年首次提出了“混杂真实的连续性”这一概念。

“现实环境”又称“自然环境”，是指我们日常所处的自然环境。这个自然生态系统包含了一切自然形成的有机体和无机体。大部分的虚拟环境会在一个真正的环境中进行建模。所以，再现现实环境中的物体，比如人、自然景观，能够深入虚拟世界的程度。

所谓的增强现实，就是把一些虚拟的东西，带到现实中去。与虚拟世界相比，它与现实世界更加接近。这是由于 AR 使用者可以在真实的环境中体验到视觉、听觉和感官上的增强。增益实境是指使用者在真实环境中操作虚拟资讯或图像。增强型，就是在电脑产生的虚拟环境中，加入一个真实的物体，这与“增强型”的反向运用有些相似。

虚拟场景是为了给使用者带来身临其境的感受而设计的。这种深度浸入式的体验不同于其他形式的实境技术，它往往需要可穿戴装置的帮助。

1. 作为 MR 的前身，VR 在文物保护城市中得到了成功应用

VR 技术是 21 世纪初开始应用于保护、展示、修复和恢复的一种新技术。其中包括：北京建工学院和古代文物研究院联合打造的“虚拟故宫”。在此基础上，利用 VR 技术，将故宫建筑群的宏伟壮丽景象，以及中国古代工匠们对木结构建筑的创新，更好地诠释中国传统的建筑学思想。此外，也有陕西维远科技有限责任公司运用 VR 技术对陕西乾陵进行还原的实例。乾陵为唐高宗与皇后武则天合葬的陵寝，本模拟系统对其周围 100 平方千米范围内的空间进行 3D、数字模拟，还原其雄伟壮丽的风貌，并突出互动功能，使游客能够多角度、全方位地欣赏到这座陵寝，加深对其外形特征及历史文化内涵的认识。

2.MR 用于文化遗产保护工作的优点

而到了 2016 年，则被誉为“虚拟现实时代”。MR 是 VR 的一种升级版本，它对文物古迹的保护、展示、修复、恢复具有更高的科学性、有效性和适切性，并能更好地适应现代信息时代的特点和需求。

第一，MR 技术的运用，使文物古迹的保护技术得到了很大的提升，并且在一定程度上提升了文物古迹的保护效率。在文物遗迹中，有很多东西都会出现褪色、脆化、剥落等问题，所以即使是经过了修复，也很难进行长时间的研究和展览。借助 MR 技术，可将修复后的文物影像提前呈现，进而检验修复技术与方法之可行性，并将其与视图计算方法结合起来，研究了维修的各个环节以及维修后的寿命；使用 MR 技术不仅能够全方位、多角度地展示文物古迹，还能够将文物古迹实体保存在更为紧密的环境中，通过影像数据采集手段，将文物古迹实体构建出实物三维或模型数据库，并将文物原有的各项数据和空间关系等重要资源进行保存，使文物古迹的保护和保存更加科学化和长效化。

第二，MR 技术的运用，极大地扩大了文物遗迹的展示范围。利用 MR 技术，可以把很多文物遗迹变成三维的平面图像，然后用虚拟模拟的方式把它们呈现出来，使它们看起来更逼真。互动展示，使观众能近距离地接触到文物，而现代的展示方法，则使观众对文物的兴趣更浓厚。这种展览既能增加展览的频次，又能增加展览的影响力。现代的展示方式可以更好地诠释历史文化的内涵，也可以让更多的人来到这里，亲身感受历史文化的独特魅力。比如，哈佛大学创新实验室，阿斯玛·贾比尔和萨米吉坦共同创立了一款名为“PIVOT the World”的软件，该软件利用 MR 技术来实现“时间扭曲”，用户可以用自己的电话“穿越”到过去，经历一段历史。PIVOT 的初衷是为了提供一个存储历史资料的平台，目前的测试还局限在哈佛大学。因为其“穿越”的作用极具娱乐性，所以深受年轻人的欢迎。

第三，MR 技术对文化遗产的保护不仅突破了时空上的约束，而且还突破了时空上的障碍。在我国一些相对封闭的地方，存在着大量的不可移动的文化遗产，这些遗产由于受到时间和空间的制约而没有得到充分利用。VR 技术可以在不移动文物本体的情况下，对文物进行真实感的再现。此外，还可以利用网络，在较大的区域内使用虚拟技术，对文物古迹进行更加全面、生动、逼真的展示，从而使文物古迹摆脱了地城的限制，实现了资源共享，让更多的人通过计算机网络或虚拟博物馆，就可以参观到珍贵稀有的文物古迹，亲身感受祖国深厚的文化底蕴。谢夫施奈德于 2014 年在纽约大学启动“失窃艺术博物馆”计划，旨在帮助失窃艺术作品的复原，并促进社会大众参与。

第四，MR 技术是一种有趣、互动的技术，能够提高受众的参与度。MR 技术能够实现对文物展品的个性化展示，使其更人性化。在文物展示活动中，利用多媒体技术，观众可以根据自己的需要，自主地选择参观内容、路线和导游方式。这种展示方式，可以引起观众的好奇心，更能引起他们的关注，让他们有兴趣参与进去。此外，MR 技术还能促进观众与展品及环境的交互。观众能够按照自己的喜好来挑选与文物有关的信息，并且通过主动参观来完成对文物信息的传递、接受和反馈，这样就突破了传统的文物陈列与观众缺乏交流的障碍，让观众与文物陈列之间形成了更加紧密的互动，这对于充分发挥数字藏品的原始和再生的文化价值具有十分重要的意义。

第二节　虚拟现实的发展概况和应用

在计算机和互联网技术快速发展和广泛应用的背景下，虚拟现实（VR）技术和理论逐渐成为数字技术研究的一个热点。目前，VR 技术在社会生活中得到了广泛的应用，为人们的学习、工作和生活提供了一个全新的体验通道。本节主要介绍了 VR 技术在我国的应用现状和发展现状。

一、VR 的特点和优点

（一）对 VR 的界定

VR，在英文中的意思是“一个真实的世界”，是一项崭新的技术，它以 3D 技术为基础，让人类可以在计算机上对复杂的数据进行可视化处理和交互。归根结底，VR 是一种以视觉、听觉、触觉、味觉为感知的高级人机界面。虚幻，就是实质或影响中有，而实际中没有；实相，是一种不依赖思维而存在的事物，它是一种由实在构成的事物，与只有表象的事物是不同的。简单来说，就是将人置于一个虚拟的，但又与现实无异的环境中。

目前，以动画、计算机绘图为代表的 3D 技术的快速发展，对 VR 的发展起到了越来越大的推动作用。在将历史文化资源进行数字化的过程中，利用 VR 技术，我们可以将虚拟遗产构建出来，比如虚拟复原遗址、文物字画、古建筑以及再现非物质文化遗产的原貌等；也可以以考古发现、历史文献记载或研究结论为依据，对某一历史现象、场景、事件或过程进行还原、再现、解读，从而对其进行更深入的研究，并展开文化创意产业开发。VR 指的是用多种数字化方式来制作、保护和展示历史文化资源，并对其进行开发，从而达到与原物、原景一模一样的效果，让更多的人能够理解。目前正在开发的数字故宫、数字敦煌、数字秦始皇兵马俑、唐长安城的复原、明清天安门的演变、清朝青花瓷器的制作等，这些都是虚拟的。

VR 技术的发展可以追溯到 20 世纪 60 年代，当时美国空军研究实验室开始研究飞行员的训练模拟。随着计算机技术的发展，VR 技术逐渐成熟，并开始应用于游戏、教育、医疗、军事等领域。

在游戏领域，VR 技术已经得到广泛应用。通过 VR 技术，游戏玩家可以身临其境地体验游戏世界，感受到更加真实的游戏体验。例如，玩家可以在 VR 游戏中体验滑雪、攀岩、赛车等活动，感受到真实的速度和高度。

在教育领域，VR 技术也有着广泛的应用。通过 VR 技术，学生可以身临其境地体验历史事件、地理环境、科学实验等，从而更加深入地理解和学习知识。例如，学生可以在 VR 环境中参观博物馆、探索古代文明、进行化学实验等。

在医疗领域，VR 技术也有着广泛的应用。通过 VR 技术，医生可以进行手术模拟、病例分析等，从而提高手术成功率和治疗效果。例如，医生可以在 VR 环境中进行手术模拟，熟悉手术步骤和操作技巧，从而减少手术风险和并发症。

在军事领域，VR 技术也有着广泛的应用。通过 VR 技术，军人可以进行战场模拟、战术演练等，从而提高作战效率和战斗力。例如，军人可以在 VR 环境中进行战场模拟，熟悉战场环境和敌情，从而制定更加有效的作战计划和战术。

VR 技术的发展还面临着一些挑战。首先，VR 技术需要高性能的计算机和设备支持，成本较高。其次，VR 技术还需要解决运动病、视觉疲劳等问题，以提高用户的舒适度和体验感。最后，VR 技术还需要解决用户交互和社交等问题，以提高用户的参与度和互动性。

总之，VR 技术是一种具有广泛应用前景的技术，已经在游戏、教育、医疗、军事等领域得到广泛应用。VR 技术的发展还面临着一些挑战，但随着技术的不断进步和应用场景的不断扩展，VR 技术将会成为未来最具前景的技术之一。

（二）VR 的特点

VR 一般具有四个主要特性：多重感知、交互、沉浸和想象力。

多重感知，也就是利用 VR 技术，可以实现视觉感知、听觉感知、触觉感知、力觉感知、动觉感知、味觉感知、嗅觉感知等多种感知，从而达到身临其境的感受。因为技术的原因，现在 VR 技术只能实现视觉、听觉、力觉和触觉这 4 种感官，至于更多的感官，则还在开发中。多重感知，也被称为“全息性”，是一种以多个维度的感知方式，获得与真实相似的、综合的、具有广泛意义的信息。多重感知能力是 VR 中最为重要的先决条件，也是实现 VR 的基础。

交互又被称为“实时交互”，是指人与电脑在 3D 空间中进行互动以及对“物体”的可控程度，使虚拟世界能够根据人的运动而作出反应。与 3D 动画和电影相比，VR 最大的特点就是具有实时性和交互性。在看 3D 动画或者电影的时候，观众可能会被吸引进去，无法自拔，但这一切都是导演或者制片人提前布置好的，观众只能被动地沉浸进去，不能改变画面和剧情，而 VR 可以让使用者自由设置场景，让使用者可以自己选择场景，这就更“现实”了。

沉浸式指的是参与者在纯粹的自然状态下，通过互动设备以及自己的感知觉系统，沉浸于虚拟世界的程度。VR 具有“沉浸”性，它使人们感到自己置身于一个由电脑系统创造的虚拟世界之中，当自己置身于这个虚拟世界之中就会从消极的知觉转变为积极地参与。沉浸感是 VR 的一个重要特性，它是一种心理境界，但是它必须用物质手段来实现的。VR 的浸入性可分“心灵浸入”与“肉体浸入”两种，前者是指人们在 VR 中全身心地沉浸于 VR 中；后者就是将人体的某些部位放置在电脑介质中。心神沉浸是指心神被一种虚幻的、难以分辨的心神“迷幻”境界；身临其境是通过电脑硬件设备来完成的，因为装备本身的物理特性，比如头盔的重量，所以身临其境并不能起到预期的作用。要使 VR 达到最好的效果，硬体装置的技术是很关键的，在现有的技术上，心灵的浸入是最主要的。

想象力，就是 VR 中的想象力，无论它有多“现实”，它都只是一种想象，即使它是以现实中的场景和物品为基础的，但最重要的还是要有想象力，只有想象力才能将设计师的想法表达出来，才能达到设计的目的。就拿虚拟博物馆来说，虽然有真实的博物馆，但将真实的博物馆转化为数字博物馆，却是需要设计师自己去思考的，而这也是设计师自己“想象”的一部分。

（三）对 VR 的划分

VR 中，交互性与沉浸性是两个最重要的特征。以用户参与和沉浸感的程度为依据，一般情况下可以把 VR 分为四大类型，分别是：桌面 VR、沉浸式 VR、增强 VR 和分布式 VR。

桌面虚拟现实系统，基本是在一台普通的个人计算机（CPC）的小型桌面上进行，它通过使用 PC 或初级图形 PC 工作站产生仿真，把计算机屏幕作为用户观察虚拟环境的窗口，用户佩戴立体眼镜，使用位置跟踪器、数据手套或者拥有 6 个自由度的三维鼠标等设备来操作虚拟场景中的各种对象，从而在 360° 范围内浏览虚拟世界。当然，在台式 VR 系统中，用户无法做到全身心地投入，即便是戴着立体眼镜，屏幕的可见角也只有 200° ~300°，并且会受到周围真实环境的严重干扰。虽然如此，但因为台式 VR 系统已经达到了 VR 技术所需要的技术条件，并且价格低廉，因此，台式 VR 系统得到了更多的使用。

沉浸式 VR 是一个比较理想的虚拟现实系统。该系统以封闭式的形式将用户的视觉和听觉与外界隔绝开来，让用户完全处于一个虚拟的世界中。用户通过设备输入指令，计算机按照指令将指令反馈到生成的视景中，让用户有一种身临其境、全身心投入和沉浸感。沉浸式虚拟现实系统依靠的是各种各样的 VR 硬件设备，比如头盔显示器、舱型模拟器、投影 VR 设备以及其他一些人机交互设备等，而外界的世界被有效地阻挡在了视野之外，因此它的仿真效果看起来更具可信度和真实感。因为沉浸式 VR 系统的软件和硬件都很先进，系统集成度很高，所以它具备了并行处理的能力，可以实现高的实时性和高的沉浸感。所以，VR 技术能够让使用者真正进入一个虚拟的世界中。

增强 VR 是利用计算机图形学、可视化学等技术，生成在现实世界中没有的虚拟物体，再利用感知技术，将这些虚拟物体置于现实世界中，利用显示装置，使这些虚拟物体与现实世界相融合，形成一种全新的、“真实”的感觉。系统具备虚实结合，实时互动，三维注册等特性，可将现实与虚拟相结合，使用户不仅能看见现实世界，还能看见叠加在现实世界中的虚拟物体，实现了亦真亦幻的效果。最大的特色并不在于将使用者与现实世界隔绝开来，而在于将现实与虚拟的世界融合在一起，使用者可以在两个世界之间进行互动，方便工作与观看。

分布式 VR 是指在不同地理位置上，可以实现多个不同地理位置的虚拟交互。在该系统中，位于不同位置、区域的多个用户或多个虚拟环境，利用网络将它们相互联系起来，共同参与到一个 VR 环境中，利用计算机与其他用户进行互动，实现信息的共享，并对同一个虚拟世界进行观察和操控，从而实现共同工作或娱乐的目标。当前，分布式 VR 技术已被广泛应用于各个领域。它在多媒体通信、设计协同系统、在线游戏、虚拟社群等方面有着广泛的应用。

（四）VR 的应用范围

不管是哪一种 VR 技术，它都具有超强的可控性，并具有对模拟过程的多次重复进行、安全和零干扰等诸多优点，当虚拟的真实性无限接近于现实的时候，各种真实感知均可并存于虚拟环境中，人们可以利用 VR 技术在这个虚拟的世界中做很多在现实中无法做到的事情，比如在现实中遇到的危险，比如在幻想中遇到的可能，这些都是可以做到的，这也是为什么 VR 技术会有如此广阔的应用范围。

1. 战争方面

VR 技术最早出现在美国空军的训练中，经过长期的发展，现在的军事领域依然是 VR 技术的主要发展方向。军队必须在战场上进行真实的训练，这样才能保证他们在任何时候都能保持高水平的作战。在实际的训练过程中，需要大量的军费、人员以及大量的物资，而 VR 的加入可以极大的缓解这些问题。在这种情况下，分布式的虚拟系统将会因为它的优势而受到极大地影响。它可以进行个体作战能力的训练，也可以进行飞行员的训练，分布式的游戏则可以进行多兵种的协同作战，还可以进行指挥官的现场作战分析以及两军的实时对抗，这样的游戏不仅可以节省大量的资金、物资和人力，而且还可以模拟真实的作战场景，可以进行攻击和被攻击的真实体验，还可以在不同的环境下进行不同的模拟，通过模拟真实的战争场景来提高训练的效率，缩短训练的时间。

2. 医学方面

在医疗领域的教育和训练中，VR 技术同样是一门非常受重视的课程，通常情况下，要想培养出一位可以独立完成手术的资深医生，至少要花 15 年，而且培训的方法也是以师带徒为主，这种方法不但耗费了大量的时间，而且效率也很低，因为手术的成功与否关系到生命的安危，所以不可能让见习医生去实际操作。但是，使用 VR 技术，不但可以让见习医生对常见或者不常见的各种手术进行多次的模拟练习，从而提升了工作的效率。而且，它的超级沉浸感还能让见习医生产生一种自己正在做一场真实的手术的感觉，这种虚拟练习可以让见习医生的心理抗压度、技术熟练度和对各种疑难疾病的认识度，都会提升到一个超高的水平，从而大幅缩短了培养高水平医生的时间、人力和物力。除了教育和训练外，还可以通过虚拟模拟来研究人体的生理变化和疾病的过程，还可以通过虚拟场景来进行遥控操作，从而进行手术。这一切都说明，VR 技术在未来的医学领域中，也将会是一种非常重要的、具有革命性的技术。

3. 工业方面

目前，VR 技术已经被广泛地应用于各个行业，特别是在训练方面，它的应用最多。比如，在油田矿井中，油井平台一般在 20~30 米的高度，由于它所处的位置比较空旷，因此，这种高空作业存在着很大的安全隐患，特别是在学员还处在学习阶段，他们还不能很好地掌握高空作业的要领，也不能很好地保护自己的安全，而使用 VR 技术可以很好地解决这一问题，既能有效地提升学员的专业能力，又能最大限度地降低训练中的安全隐患。而且，在工业领域中，并不只是训练，还有很多具有代表性的应用，比如机械的装配、汽车工业中的机械操作和汽车设计、对产品的论证等等。与 VR 技术结合最多的要数虚拟制造了，它其实就是对现实产品生产的一种预演，对生产的整个过程进行模拟，对可能出现的问题进行预测，并对可能出现的问题进行解决，从而使各个方面的效率都得到最大限度的提升。

二、VR 的发展、组成和关键技术

VR 是以计算机科学为基础而发展出来的一项高科技的综合性技术，由于它的应用日益广泛，涉及的领域和科研人员也日益增多，因此它也得到了持续的发展，它的系统结构和关键技术牵涉的问题很多。

（一）VR 的历史

1.20 世纪 50~70 年代，试验性的研究

1956 年，美国摄影家莫顿·海林受到全息影片科技的启发，成功地研制出了森索拉玛系统。在这个系统中，使用者可以感受到预先记录下来的风景、声音、气味等经验。在 20 世纪 60 年代，由莫顿·海林进一步开发的森索拉玛系统就与后来的 HMD（头部运动显示器）非常类似，直到现在还在使用的是完全沉浸式的 VR 系统。其中，触摸屏的出现，更是把 VR 的交互能力提升到了一个新的层次，现在所用的 IPAD、触摸屏、感应玻璃，都是基于这个技术而诞生的。1976 年，麦克伦·克鲁格创造了一个虚拟的世界，它通过受试者的运动与电脑进行互动，这种互动是如此强烈，以至于人们开始把它称作"人造现实"。

2.20 世纪 80 年代，从试验到应用的体系化

随着 VR 技术的快速发展，HMD 的性能也得到了极大的提升。完全沉浸式的 VR 系统也被开发出来。迈克·麦克雷维和吉姆·汉弗里斯发明的虚拟环境显示（VIVED）Fakespace（VIEW）发明的虚拟交互环境工作台（VIEW）更具代表性。这个时候，美国 VPL 公司的创始人杰伦·莱尼，正式提出了"VR"这个概念，随着 VR 技术的普及，它的发展速度越来越快，已经不再局限于高端技术，而是被应用到了各行各业。

3.20 世纪 90 年代到现在的快速增长时期

在这一期间，VR 技术得到了快速的发展。随着硬件技术的进步，VR 得到很大的发展。目前，最为常用的 HMD、CAVE 技术都在这一阶段取得了很大的进展。英国首座 VR 电视网的正式启用，让人们可以在三维 VR 的电视网中畅游，享受各种美景，参观各种展会，聆听各种演讲。

随着计算机硬件技术的快速发展，计算机软件系统的不断完善，VR 技术的发展得到了极大的推动，基于海量数据集的声音、图像的实时动画制作成为可能，人机交互系统的设计也在不断地进行着创新，同时，大量新颖、实用的输入、输出设备也出现了，这一切都为 VR 系统的发展打下了坚实的基础。21 世纪以来，随着 3D 绘图技术、无线网络技术、软件工程等技术的进步，VR 技术得以迅速发展。数以万计的拥有 VR 能力的网站开始出现，大量的游戏装备也开始出现，这意味着曾经高不可攀的科技，已经真正进入了普通人的日常生活。

（二）VR 的组成

VR 将计算机图形（CG）技术、计算机仿真技术、人工智能、传感技术、显示技术、网络并行处理等技术的最新发展成果融合在一起，它是一种由计算机技术辅助生成的高科技模拟系统，它主要由输入系统、虚拟环境数据库、VR 软件、输出系统组成。

1. 输入系统

输入系统主要是用来接收用户发出的命令，比如头、手的位置及方向、声音等信息，它的主要内容有：（1）数据手套，它可以用来对用户手的变化进行监控，还可以将手的动作进行数字化，通过识别手的位置和方向，用来与虚拟世界展开互动；（2）用于导航、选择和与对象互动的自由滑鼠；（3）追踪定位器，一般安装在一个 HMD 头盔上，用来确定一个虚拟世界的呈现角度，以便追踪一个头部的位置，使得一个图像随着它的移动而改变；（4）一种用话筒之类的装置把话音信息输入电脑中，用话音识别系统把话音信号转换为数字信号的话音输入装置。

2. 虚拟环境数据库与 VR 软件

虚拟环境数据库用于存储虚拟环境中的各种信息，其中包含了虚拟对象的属性，如属性、行为、几何、材质等。通常情况下，虚拟环境的数据库是通过实时软件来实现的，它的数据仅被装载到用户的视觉区域中，而其他的数据则保存在硬盘中，以便在必要的时候输入内存中。VR 软件是将用户在虚拟世界中所遇到的景物进行设计，从而建立一个虚拟世界的过程。常用的造型软件包括 Auto CAD、Multigen、VRML 等，其中，Vega、Open GVS、VRT、V 树等是比较有代表性的 VR 软件。

3. 引出制度

3D 图像的视觉效果、3D 音效、触（力）觉等是其输出系统的重要组成部分。（1）3D 图像的产生和显示：通过图形处理器、立体图像显示装置，以及高性能的计算机系统，把计算机的数字信号转换为 3D 图像。（2）3D 声音处理，它主要是利用相关的声音装置，将电子信号转换为立体声，并且提供对立体声源进行识别并确定其空间方向的功能。（3）力感反馈，主要是辨别物体的材质和温度、湿度、厚度、拉力等。

（三）VR 中的几个关键技术

1. 环境模拟技术

环境建模也就是要构建一个虚拟环境，在本质上，它主要指的是三维数据的获取和处理技术，具体来说，就是采用激光扫描等方式，获得真实三维环境的三维数据，之后，再按照特定的应用需求，将这些三维数据用来构建相应的虚拟环境模型。

2. 交互式

在此主要讨论的是人机交互技术，它指的是通过计算机输入、输出设备，以一种高效的方式，来实现人和计算机的对话。交互技术与认知、人类工效学、心理学等学科有着紧密的关系，是 VR 研究的一个重要方面。在 VR 系统中，除键盘、鼠标之外，还需借助一些精密的传感装置，如头盔、手套等。在这一过程中，三维交互技术和语音识别、语音输入等技术已经成为一个十分重要的部分。

3. 触感（力感）反馈法

触觉反馈技术是一种能让使用者与虚拟物体进行直接接触，并能感受到由虚拟物体传递过来的反作用力，进而使使用者获得沉浸式体验的一种技术。比如，通过在内层安装某些接触器，使其能够振动，从而获得类似的触感等。

4. 立体声影音技术

在 VR 中，人的两只眼睛分别生成两个不同的画面，然后在两个屏幕上分别显示。有些系统使用的是单一显示器，但是当用户戴上特殊的眼镜后，一只眼睛只能看到奇数帧图像，另一只眼睛只能看到偶数帧图像，奇、偶帧之间的差异，也就是视差，就产生了立体感。普通的立体声效果，是通过用两只耳朵去听从不同的地方录下来的声音，来获得方向感。

5. 系统整合工艺

系统集成意味着把各个职能部门结合在一起，形成一个整体。在 VR 中，信息同步、模型校准、数据转换、识别与合成等技术的运用是十分重要的，所以，要将这些技术融合起来，就必须有系统集成技术。在 VR 中，系统的整合是非常关键的。

三、VR 技术和文物保护的发展

无论在什么地方都离不开 VR 技术。VR 技术在保护和利用历史文化资源方面发挥着巨大的作用。

（一）利用 VR 技术对保护历史文化资源起到了积极的推动作用

在对文物古迹进行修复、保护和保存的过程中，利用 VR 技术，能够有效地提高对文物修复的准确性，并能够提前判断、选择要采用的保护方法；可对修复后的文物遗迹进行预览，进而对修复方法的可行性进行预测，并且可以对修补后的各个环节进行检查，修补后的耐用度也可以极大地缩短修补时间。VR 技术的运用，让文物保护技术得到了很大提升，并且在一定程度上提升了保护效率。将文物遗迹虚拟出来，将为其科学性、精确性和长期性提供有力的保障。在文物修复过程中，利用增强的 VR 技术，能够将损坏的文物进行虚拟，并与真正的文物进行融合，使其更加“真实”，对提高文物的修复能力具有重要意义。

VR 技术不仅可以提高文物的复原程度，而且对文物的陈列和保存也有很大的帮助。传统的文物展示方式或多或少都会对文物造成损伤，而利用 VR 技术对文物进行全面虚拟，在某种程度上可以解决这个问题。由于将实际文物古迹进行虚拟化，产生虚拟产品，可以极大地减少文物与外界接触，减少文物的光、声破坏与人为破坏。相比之下，另一种保护文物的方式，也就是复制文物的成本要比使用 VR 技术要高得多，因为想要复制一座完整的文物，几乎是不可能的事情，但是使用 VR 技术却是轻而易举的事情。同时，VR 技术也能对非物质文化遗产进行有效的保护。首先，由于非物质文化遗产是由人一代一代传下来的，因此在这种情况下，它很容易被人遗忘，这对它的保护是不利的。运用 VR 技术，可以让非物质文化遗产中的动作和工艺更接近真实。其次，可以对已经消失的非物质文化遗产进行收集，并使用 VR 技术进行还原，这样才能得到有效的保护。最后，通过 VR 技术对非物质文化遗产进行数字化，能够促进非物质文化遗产的跨时空的传播和传承，最大限度地发挥资源的作用，对非物质文化遗产进行有效保护。

（二）VR 技术促进了文化遗产的有效展示

利用 VR 技术，可以把 2D 文物遗迹转化为 3D 图像，从多个角度、多个方面展现文物遗迹，使得文物遗迹更为逼真。透过 VR 的互动展示，能让观众近距离接触到文物古迹，令观众对其更感兴趣。通过这种方式，既能增加展览的次数，又能增强展览的影响力。

利用 VR 技术对文物进行展示，能够更好地对其进行诊断，并能够更好地吸引更多人的眼球，展现出文物的不凡魅力。利用 VR 技术，可以让人在参观“文物古迹”时，有一种“身临其境”的感觉，避免了实物的展示与观众的游览行为产生冲突，为文物的保护提供了一种新思路。通过使用 VR 技术，我们可以对文物进行更加全面、生动、逼真的展示，从而让文物摆脱局限，达到资源共享的目的，让文化遗产展示和保护现代化，让它真正变成全人类可以“拥有”的文化遗产。

由于受交通等因素的制约，许多不可多得的文物遗迹没有得到充分的利用，而 VR 技术为人们提供了一种与文物古迹实体相分离的方式，从而展现出其原本的重量、触觉等非视觉感受的技术手段。它能够以考古研究数据和文献记载为基础，对还没有挖掘或已经湮灭了的遗址、遗存进行完整的模拟，并将它们进行统一整合，让更多的人能够通过网络或虚拟博物馆就能参观到珍贵的文物古迹，让他们能够亲自感受到文物古迹深厚的文化底蕴，最大限度地发挥出文物古迹的价值。

当然，并不只是文物古迹可以通过 VR 技术进行全方位、大范围的展示和传播，非物质文化遗产也可以通过 VR 技术进行展示和传播。

（三）VR 技术极大地拓宽了利用历史文化资源进行产业化开发的途径

VR 技术能够极大地扩展对历史文化资源的挖掘和利用，并能极大地增强人们对历史文化资源的直观性。在历史文化资源中，可以对过去的故事、现状或将来可能发生的事件进行虚拟展示和演绎。VR 不仅可以满足对真实历史文化资源的展示，而且可以将历史文化资源丰富的文化内涵充分展现出来。VR 技术是一种崭新的、非常重要的技术手段，它将为我国历史文化资源的数字化利用提供一种新的途径。

利用 VR 技术，可以使历史和文化的旅游产品更加丰富。传统的历史文化旅游，大多是以参观游览为主要目的，缺乏参与、探索历史文化之谜的主动性，因此其结果往往是非常糟糕的。如果在景区中，使用 VR 技术，开发出一些虚拟场景、历史人物、历史事件，让游客可以积极地参与其中，再加上交互技术，可以产生互动，这样就会极大激发游客的兴趣。此外，开发虚拟景点，让使用者可以通过网络进行参观，更可以解决真实景点拥挤的问题。

VR 技术使历史题材电影和电视剧的创作水平得到了极大的提升。传统的历史题材电影，往往要搭建场景、请演员，花费不菲。用 VR 技术来拍摄类似的电影，可以大幅降低成本。随着 VR 技术的进步，它的真实度已经达到了“以假乱真”的地步，而观众也能在真实的场景中享受到演员的表演。

现在，大多数电影和电视剧都把 VR 技术融入其中，而动画类的儿童电视节目，已经被大量应用。

在开发具有历史文化特色的动画游戏时，VR 是一种重要的技术。动画游戏中的场景和人物基本是虚拟的，因此，在这一方面，VR 技术得到了很好的应用。伴随着 VR 技术的持续发展，动画游戏的逼真性与体验性变得更加显著，这也导致了动画游戏的种类变得更加丰富，特别是有关历史文化内容的，越来越多地吸引着大量的玩家。

（四）VR 技术促进了历史文化资源的保护和利用

历史文化资源的保护和利用，是一种既有发展又有保护的关系。数字技术使得历史文化资源的保护和利用越来越密切，越来越融合。VR 与数字技术相结合，体现了对历史文化资源的保护和利用日益融合的趋势。

虚拟还原、复制文物古迹，能够帮助文物修复、保护与保存，而这也是一种对文物古迹的数字化开发，为了修复、保护与保存而虚拟还原的文物古迹本身就属于虚拟产品，属于开发的内容。它不仅是一种对文化遗产进行保护的方式，同时也是一种对历史文化资源进行虚拟利用的方式。在大量的文物古迹类虚拟产品中，通过这些历史文化资源产品来满足人们的文化需求，而不破坏原有的文物古迹，这本身就是对历史文化资源的保护。因此，运用VR技术，把保护与利用历史文化资源相结合，真正做到了“在保护中开发，在开发中保护”。

第三节　VR技术在文化遗产保护中的意义

一、VR技术在文物展示中的应用

高精确度的模型，与数据库、网络、VR装置等相结合，可以达到全面显示的效果。利用二代科技所制作的三维立体、动画、平面连续等电影，既能展示文物的真实面貌，又能增加文物的展示比例和影响力。更让人兴奋的是，次代技术在与文物元素分离的情况下，展现出了一种非视觉感受的技术手段，也就是它原本的重量、触觉等。次代技术可以根据古代研究数据和文献的记载，模拟出还没有被人类发掘或已经被埋没的遗存。

利用网络技术，对文物资源进行综合整理，在保证文物自身安全的前提下，全面、广泛地向社会传播，提高文物保护技术水平，有利于文物的保护。借由即时更新之虚拟科技，提前呈现模拟文物复原影像，以验证复原技术之有效性与可行性。然后，在视图计算的帮助下，它研究了在维修过程的各个环节中可能出现的情形和持续性。利用这一技术，对文物进行全面的、大量的、全方位的、多角度的展示，可以让文物更紧密地保存在实体环境中，从而延长文物的生命，对文物保存的长久性有很大的帮助。

在VR中，“现实”可能是真实存在的，也可能是不真实的，就是关于物质层面的、功能性层面的、用途层面的、环境层面的等。“虚拟”则是电脑制作出来的。从某种意义上来说，VR就是人用计算机将自己“放”到一个特殊的环境中，这个环境是可以被人随意操纵的，也就是说，人就是这个环境的主人。运用 VR 技术，与互联网相结合，能使文物古迹的展示和保护达到更高的水平。首先，建立立体数据库，建立相应的模型，以便更好地保存和管理这些珍贵资源。其次，它不仅可以缩短修复时间，还可以提高修复的准确性。想要恢复它的真实感就必须借助计算机技术，对它进行大量分类，将它的原貌还原出来，让它变得更加生动，不受地理位置的限制，让它被更多的人所共享。

VR 技术可以将文化产业迅速推进到信息时代，使文化遗产的展示与保护更加现代化。法线贴图并不是一种很先进的技术，只是在最近几年才被广泛使用，这种技术最大的优势就是“保持最好的画质，节约空间”。法线贴图的作用就是把一个复杂的模型复制到一个简单的模型上，让这个简单的模型看起来就像给一个人穿上了一袭美丽的长袍。而法线贴图则是一种全新的技术，它可以将一个复杂的模型中的每一个点都变成立体的，每个点都有自己的坐标，也就是说，如果你看过法线贴图的话，你就会发现一张由红色、绿色、蓝色三种颜色组成的立体图，在立体图中，代表着“上侧后”三种颜色。这张照片被称为“标准贴图”。只要有一张漂亮的照片，它就能模拟出一个逼真的实物，这种技术改变了传统的制作方法，让它可以随意添加更多的细节，让它变得更加完美。

二、数字技术在 VR 中对建筑物文物保护的作用

数字技术是对传统文化遗产进行补充的一种选择。主要从视觉影像信息的角度，探讨了在文物保护过程中，对文物数字化信息的采集、处理、存储、管理、利用、传播等方面的问题。

1. 收集信息

早期的数字信息获取，主要是使用传统的照相机，对建筑物和环境进行拍照，再用胶片冲洗，最后通过扫描，将影像转化成数字图像信息。自数码相机诞生以来，就出现了可以实时操作的全数字化近景摄影技术，该技术使影像在采集过程中具备了可视性和可操作性，并能随时调整摄影参数，实时校正。该方法可有效降低图像处理的误差，并可有效地提高图像处理的效率。采用数字信息收集技术，拓宽了数据收集的领域，提高了工作效率。图像获取不再限

于对二维平面的获取。现在的三维激光扫描技术，能够对各种大型、复杂、不规则的实体和真实场景进行直接扫描，并将其全部的三维信息输入计算机。

2. 资料的加工

计算机能对文字、图像、图形、声音和视频等信息进行全面的处理，尤其是对图像的处理，与传统方法相比更有优越性。在很长一段时间内，古代建筑的测量都是以卷尺和铅锤为主的人工测量方法。由于人工测绘技术的局限性，很难精确地反映当前建筑的空间形态，所以，目前对其进行记录的主要方式是“法”与“实”相结合，“图”与“词”相结合。这就造成在对古代建筑进行记录和描述时，会生成大量的文字资料，不能很好地保存。

3. 存储和管理信息

在数字化的条件下，各类文物资料可以转化为数字资料，并通过存储器加以存储。数字存储器将大量的信息存储在有限的实体空间中，大大节省了存储器的费用。另外，数字信息存储技术还能对文物信息进行高精度、高稳定性的保存，为其提供了一种高保真和永久保存的方法。信息数字化管理的实质是信息的自动化和智能化。

4. 使用信息

数字化情报的使用表现为：

（1）快速、全面、准确的情报检索，大大提高了情报的利用率。

（2）具备视觉效果，可以从静态、动态、声音、视频等多个角度对文物进行全方位的展示。当前的 MR 技术还能让观众在虚拟的古代建筑中与古代建筑进行更亲密的接触。

（3）具有交互性，可仿真展示文物遭受灾害的全过程，并可仿真展示保护与修复的全过程及最后的结果，为文物的保护与修复提供帮助。

5. 资料的分发

数字信息的传播方式，主要表现为信息的拷贝、传递和远程共享。数字科技的兴起与应用，使文物的保护手段有了新的突破，是一种必然而又最佳的保护手段。数字化技术在提高传统文物保护手段的同时也赋予文物保护新的功能，既能减少维护费用，又能提高维护效率。

三、数字技术在 VR 中对雕塑类文物的保护作用

文化遗产是不可再生的。然而，石窟的壁画却呈现出日渐衰退的迹象，就现有科技而言，人类尚不能阻止其衰退，最多也就是延缓其衰退。为使石窟中的壁画和雕塑等文物得以永久保存，20 世纪 90 年代敦煌研究院启动了石窟数字化工程，采用照相和电脑等技术，使文物的信息得以永久保存。

数字技术为石窟的保存做出了多方面和多层面的贡献。首先，数字技术使文物打破了时空的限制，通过 3D 重构，能够真正地建立一种全新的立体空间，并将数字复刻后的壁画精确地恢复到 3D 空间中，从而达到与文物本体相吻合的目的。其次，采用数字技术，通过网络技术实现对敦煌石窟与其他地方的实时传播，打破时间与空间的限制。最后，通过合理布局、巧妙构思和艺术设计，从宏观上营造出佛教艺术特有的艺术氛围，并通过数字展览，如高保真的壁画复制品、逼真的 3D 打印、沉浸式的体验、多媒体节目、体感互动，让观众在一种虚实结合，动静和谐的气氛中，感受到石窟博大精深的历史文化和艺术。将科技与艺术相结合，突破了时间和空间的局限，并与多媒体手段相结合，让隐藏在洞窟中的千年文化得以展现，让观众能够从全方位、深层次、多角度、多形式，近距离地欣赏、体验丰富多彩的石窟艺术。在一定的程度上，可以满足观众的各种需要和深层次的需要。为非移动文物领域的数字展示提供新思路、新方法，并形成可示范、可推广的展示模式。

四、利用 VR 技术进行文物保护

除了以上几种类型外，VR 技术还可以在房地产、交通、游戏、产品展示、航天航空、教育以及影视等众多领域中得到广泛的应用。伴随着技术水平的日益提升，各个行业与 VR 技术的融合也变得越来越密切。本节的主要内容就是关于 VR 技术在数字保护中的应用和研究，因此，我们需要对目前 VR 技术在数字保护中的运用情况有一个更深层次的认识，华夏的古老文明和悠久的历史让它变得更加璀璨，而它所产生的文化遗产，更是人类文明的一部分。如何更好地将这些国家的宝贵财富展现出来，一直以来都是学术界的一大难题。随着

数字技术的广泛应用，我们已经不仅仅是在保护文化遗产本身，对其进行数字化信息的保护已经变成文保行业不可缺少的一个组成部分。

通过数字技术，我们可以将历史信息以一种新的、一种更高质量的百科全书的形式，将其制作出来。尽管数字技术的发展为文化遗产的保护提供了新的媒介，在当今科技飞速发展的时代，单纯的呈现已经不能满足人们的需求，切身的参与、震撼的体验成为人们所渴望的，而 VR 技术所具有的沉浸感正好可以满足这个需求。VR 技术让我们从第一人称视角去体验，将自己置身于历史长河之中，其自身的特点让我们超越了现实的界限，最大程度地提高了我们的认知能力，其无限接近于现实的特性，让我们可以开创新世界，重建古代王朝，穿越古今时空。

（一）利用 VR 技术对克孜尔石窟遗址进行保护

克孜尔石窟是龟兹石窟中最著名的一处，也是西域丝绸之路文化的典型代表，对龟兹王国经济、政治和文化的研究具有十分重要的意义，并在 2014 年 6 月底以其独特的身份被列入《世界文化遗产名录》。

石窟壁画是一种非常脆弱的东西，尤其是克孜尔石窟，已经是 1800 多岁的“高龄老人”了。就像唐朝的皇陵一样，由于各种因素的影响，克孜尔石窟的壁画已经被破坏得很严重，一旦壁画脱落，就会造成不可逆转的破坏。如果得不到妥善的保护，这些辉煌的文化只会随着时间的推移而慢慢消失。

如克孜尔石窟第十七窟中，原本五彩斑斓的壁画，如今已经所剩无几，整个石窟遭到了极大的破坏，因此，石窟的数量受到了很大的限制，有些破损严重的壁画或石窟，只能被永久封存，无法让它们得到更好的、更深层次的传播。VR 技术不但可以将其数字信息完整保存下来，便于今后的研究和修复，还可以将曾经的原貌完全展现出来。

此外，也使用二维、三维动画，或者是在动作捕捉的基础上具有参与互动形式的交互程序，在数字化还原的过程中，由于机器精度的限制，无法将壁画中弯曲的地方和不规则重叠的颜色区域完全提取出来，因此，我们只能分区域逐一扫描，之后再将扫描完成的部分处理成高清的图片，与原画相比较，进行调色，以达到这些精美壁画的逼真效果，用更加新颖、更为直观的方式向观众传达，更好地传承文化遗产及其蕴含的文化精神。

（二）虚拟展示庞贝古城

庞贝古城始建于公元前 7 世纪，是古代罗马最著名的建筑和雕塑作品之一，也是罗马人最擅长的一种建筑，但是在公元 79 年，它却被维苏威火山的熔岩掩埋在了地底，但是它的辉煌、它的遗物、它的宏伟、它的雄伟、它的人民、它的生命、它的生存方式、它的存在，都是一件值得称道的事情。这座有着“天堂入口”之称的古老城市，在 2016 年被列为世界上最珍贵的十大古墓之一，其本身的价值和研究的价值毋庸置疑。但这样一座古老的城市，却经历了无数次的考验，1943 年的战争，洪水的肆虐，“战士之家”的崩塌，导致庞贝的城市变得岌岌可危，再加上这座古老的城市，每天都会有成千上万的游客前来参观，这也让庞贝的城市变得更加危险。

VR 技术的出现，将会解决以上的基础问题，它不但可以让人通过 VR 的方式进入那些由于缺乏保护技术而无法进入的历史遗址，而且可以通过虚拟的方式引导观众，减少对古城的破坏，为城市的恢复和保护提供便利。庞贝的历史遗址是一种宝贵的文化遗产，它包含着大量的罗马历史、政治、文化等方面的信息，而且它还具有很高的保护和研究价值，可以让我们摆脱人流、空间和时间的束缚。通过 VR 技术，可以轻松地了解庞贝古城的历史文化。

四、VR 在数字版权保护中的重要作用

最近几年，随着 VR 技术与博物馆、文化遗产保护、文物数字展示等文化产业的深度融合，越来越多的 VR 文化产业进入了我们的生活。除了克孜尔石窟的虚拟还原外，还出现了很多成功的 VR 文化产业，比如，故宫博物院与 JBM 公司合作，打造了中国首个 VR 历史文化产业——紫禁城，这个项目采用了高精度的 3D 模型，高清晰的 VR 环境，将皇宫、文物、历史人物等还原出来，并设计了 6 条线路供游客参观，最重要的是，这个项目还利用动态捕捉技术，将数千年前的皇家生活还原了出来，极大地提高了游客的参与性，也为他们提供了更多的历史资料。再比如敦煌莫高窟的 VR 漫游，让莫高窟成为一个真实的情景，人们在家里就可以感受到敦煌的艺术魅力，极大地增加了对文化

遗产的展示和利用的灵活性和趣味性。此外，浙江大学还研发出了一套“敦煌石窟”的虚拟漫游和壁画恢复系统，可以将整个洞窟都模拟出来，让所有人都可以在电脑上看到壁画。

唐陵是中国历史上最有价值的地方，所以，对它进行保护、研究和传播是我们义不容辞的职责。分布在关中平原北部地区的众多唐陵，是大唐社会发展的一个缩影，也是唐朝物质、精神、制度文明的集中体现。唐陵是现代社会认识唐朝的一扇窗口，也是一笔不可多得的宝贵历史财富。VR 技术，可以将大唐的辉煌和繁荣展现在人们的面前，因此，VR 技术在唐陵的数字保护之中，有着举足轻重的作用。

（一）保存数字资料

目前，我国对唐陵雕像的保护存在着许多问题，例如：陵墓过于靠近居住区，陵墓周围堆积了大量的垃圾，陵墓石刻保护不足，以及陵墓保护与旅游发展之间的矛盾。唐肃宗建陵因年代久远，已形成一条深谷，附近的村民都住在谷中，陵园两旁的雕像，或在村口的麦田中，或在居民门前。在陵墓遗址中，存在着大量的居民生活和生产活动的痕迹，这些都为陵墓遗址的保护工作带来了一些安全隐患。唐德宗的陵墓里，这些雕像都是紧邻着生产路，经常有农民的车子从这里经过，都会将这些雕像剐伤。虽然是最受欢迎的一座陵墓，但偶尔会有观众来这里碰一碰，人能碰到的地方都被擦得干干净净，尤其是 61 位大臣的石雕，更是被人碰得模糊不清。随着时间的流逝，如果不能很好地保护好唐陵，这种情况只会不断恶化，直至唐陵雕像彻底消失。而 VR 技术的出现，为这些大型石刻带来了新一轮的发展机遇。通过三维扫描与数字建模的介入，可以将这些日渐凋零的历史文化遗产信息以数字化的形式保存下来，尤其是对于一些体积过于巨大的石刻，采用这种方式更有利于对其超高精密程度数据的提取。这些数字化的信息数据无论过去多久都不会消失，即使是文物不复存在了，也可以从数据信息中提取出 3D 打印，全息投影等进行重建，这对研究、分析以及存储保护都有很大的帮助，信息化数据的存储可以丰富其展示方式，也可以在存储下来的数字化信息数据的基础上，利用软件的应用，制作出各种有关历史文化的动画、视频、纪录片或者衍生品等，以满足人们生活上的精神与物质需求。

这些数字化的信息数据不会随着时间的流逝而消逝，即便是文物不在了，也可以从数据信息中提取出 3D 打印、全息投影等进行重构，这对于研究分析和存储保护都是非常有利的，信息化数据的存储能够丰富其展示形式，还能够基于存储的数字化信息数据，通过软件的应用，制作出与历史文化相关的动画、视频、纪录片或者衍生品等，来满足人们的精神和物质需要。

（二）数字化展示的多种形式

传统博物馆作为一种对文物进行集中展示的形式，将漫长的人类文明历史传递给人们的是丰富的信息，它有三个特征：对文物本身的收藏，对文化遗产和历史文化的科学研究，以及对公众的社会教育。随着社会的不断发展，人民群众的精神和物质需求与日俱增，传统的文物展示方式已不能满足人民群众不断增长的精神需求，所以，让文化遗产的展示手段更加多样化，讲述方式更加生动，让广大群众能够参与到挖掘、保护和修复的工作中，甚至进入还原的历史现场，这种新型的互动方式就显得尤为重要。

VR 是一种数字化的技术，它不但具备了传统博物馆的三个基础特征，而且它还可以将文物的声音、文字、图像、数字资料等信息以一种多元化的形式呈现出来，它还可以将文物原本的样子和颜色还原出来，而且它还可以将文物所处的“真实”的历史环境还原出来，让人们身临其境，更好地理解文物本身，更好地理解它所包含的历史和文化信息。

（三）文物可重复性的虚拟修复试验

任何一件文物，都是脆弱的，就像是唐帝王陵墓里的那些石雕，在关中平原上，经历了无数年的风吹雨打，有些石雕已经残缺不全，如果不好好保存，恐怕过不了多久，后人就会永远地失去这些石雕了。因此，在当今的文博行业中，对文物进行修复和保护，也是一门非常重要的学科。传统的文物修复方法，主要是依靠手工高超的修复技艺，但这种修复方式不仅工期长，效率低，而且缺乏高级的修复工。在修复的过程中，还需要非常小心和集中精神，因为任何一个微小的错误，都有可能导致整个文物修复工作的失败，最终导致要修复的文物被破坏。这种依赖于手工技术的修复方法，一般都需要技工经过很长一段时间的锻炼和学习，才能在技术上达到一个相当高的水平，而且还可以通过师傅带徒弟的方式来传承，但因为社会需求量小、时间成本高等原因，这门手艺的传承也遇到了很多的困难。

采用 VR 技术进行数字复原具有独特的优点，首先，它能从文物资料中提取出具体的资料，并在此基础上制定出详细的方案，然后再进行仿真复原；其次，可以寻找相似的文物作为参考，将完整的数字化数据附着在残缺的文物数据上，利用软件进行复制，从而实现修复。通过数字化的技术手段，还可以对修复的过程进行多次的仿真，并根据这些数字的结果，进行对比、筛选，得出最后的结果，从而减少对文物的二次损害。同时，利用 VR 技术，也可以对新学员进行虚拟修补训练，让学员在最短的时间内、高效率地学习到最先进的修复技术。所以，使用 VR 技术可以提高文物修复的效率，缩短工期，提升文物修复水平。

（四）打破传统限制

利用 VR 技术进行的重构与再现，让用户不再受到时间、地域以及空间的限制。在时间上，利用网络的传播和虚拟程序应用的产生，让用户可以在任何时候，都可以进入平台去了解、观看，而且不会受到任何限制。在地域上，人们不再需要花费时间和精力，亲自前往文物的现场进行参观，无论是在家中，还是在国外，只需要通过 VR 设备，进入相关的应用程序，就可以像亲临现场一样，走进历史遗址，既可以看到历史现在的面貌，又可以通过交互的设计，欣赏到历史一千多年前的原貌，还可以身临其境地参与其所进行的真实历史活动中来。这无疑极大地扩大了历史文化的宣传范围和途径，最大程度地提高了学习、了解文化遗产原本单一形式的兴趣，同时也降低了一些不文明旅游行为对雕塑可能造成的威胁、破坏。数据化信息可以在互联网上进行随时随地的广泛传播，对历史文化遗产数据的整合也可以让广大群众更加便利地阅读和学习，使历史文化遗产真正地达到了全民共享和全民参与的新高度。

（五）全方位展览

用 VR 技术所展现出来的历史，无疑是具有多样性和全方位的特点的。观众可以身临其境地走进去，去观看它的原貌，还可以进行互动，在虚拟与现实之间来回穿插，而且，他们对信息的吸收也不再是原来的照片、文字和单个文物等碎片化的信息，而是更加完整、透彻以及更加准确的全方位信息。当观众沉浸在虚拟世界中时，会感觉到“现实”，当在被认为现实的场景中又是“虚拟”的呈现，在进入虚拟的场景中，我们会有一种身临其境的感觉，从而体会到一种穿越的乐趣，“现实”中交互方式是“虚拟”的。

VR 技术将过去以物为中心的碎片化信息展示提升为以人为中心的全方位展示模式，它缩短了人与这些珍贵历史文物之间的距离，将文物展示的个性化与多样化完美呈现出来，以更轻松、有趣的方式获取更多的知识与信息，从而可以满足人们对于历史文化遗产寓教于乐的展示需求。

五、文物虚拟展示的未来发展

未来文化遗产的虚拟再现将有可能转化成一种新兴的娱乐产品，这种产品将电视和电玩结合在一起可以让观众“走进”电视节目。有研究者打了一个形象的比喻，试想现在所看的野生动物纪录片，通过 VR 技术就可随意走进动物生活环境。数字化文物保护技术是创意产业中一个重要的组成部分，拥有广阔的市场前景。将文化遗产的虚拟再现与之进行转化，关键要充分挖掘文化遗产中的趣味性成分，对文化遗产背后蕴含的历史有所掌握，文化遗产研究数字化、网络化的研究平台。文化遗产的虚拟再现为文化遗产的科学研究搭建了一个更为先进的平台，在文物和历史遗产的研究中传统的测量计算、记录数据进行分析比较最终的成果就是一些实物照片的抽象的数据图表，而文化遗产的虚拟再现可以利用计算机的三维扫描、三维建模渲染、VR 等技术进行历史文物的数据捕捉和处理建构虚拟模型。在对历史文物进行三维扫描的过程中获得的数据文件储存在数据库内作为日后文物资料查询的基础，这一数字化、网络化的研究平台必将有力地促进文化遗产的研究，推进考古、历史学等学科的发展。

第六章
博物馆中的数字化展览设计及技术

第一节　博物馆中数字化展览的特点及类型

一、博物馆的数字化展览

（一）博物馆数字化展览的概述

博物馆的数字化展览是指利用数字技术对展览内容、展示形式、交互方式等进行改造、升级和创新，从而实现数字化展示和在线展览，将博物馆的展览内容和文化传承向社会进行拓展。

数字化展览可以以多种形式呈现，例如通过数字化影像、音频、VR 等技术，将博物馆的展品和文化遗产呈现在电子屏幕和虚拟空间中，让观众可以随时随地体验博物馆的展览。数字化展览还可以通过互联网、社交媒体等在线平台，将博物馆的展览内容传播到全世界。

18 世纪，英国发生了一场工业革命，极大地推动了人类的生产方式与生产力的变革，而首次世博会在英国的“水晶宫”举办，是目前世界上最完备、最具影响的一次。数字化展览在 20 世纪 90 年代后期才刚刚形成产业的雏形。在 2010 年上海世博会上，触摸屏和交互式媒体展示技术的广泛使用，带动了数字化展览的发展，并在各个博物馆中广泛使用数字化展览设备，成为一种新的展览方式。通过数字化的文字、图片、音频、动画、视频等媒体，将各式各样的数字展陈设备有效组合，充分挖掘馆藏文物的内涵、历史、文化、美学等方面的信息。数字展览有组织地在博物馆中使用数字化展览设备，构建数字展览的环境与空间，在博物馆中形成数字展览体系。

从国内外的有关观点来看，数字展陈的数字化特点主要有 3 个方面，即去实体化、去空间化和去虚拟化表达。在博物馆中的数字展陈，指的是以展示主题和内容的需要为基础，选择、规划和设计数字化的展示设备，从而决定最后的展陈形式、风格和总体要求，并将艺术、科技和文化结合起来，在博物馆的实体环境中进行一种综合性的展示。它不仅可以补充博物馆收藏的实物展品，同时也可以成为观众与博物馆数字文化互动的一个平台。它的基本目标是使观众能够在博物馆狭小的实体空间中迅速、有效地获得所需的信息，并在此基础上进行信息的传播、再生产等，从而达到博物馆信息传播的最大效果，同时也促进了博物馆本身的文化建设和社会教育职能的发挥。在传统的博物馆展陈方式中，具体有三种类型，分别是：文物标本或模型的实体展陈、图文结合的展板、场景复原的情景化展陈。但是，数字展陈的特点具有个性化、智能化、交互性的特点，利用动态或静态的影像和数字化的展陈设备，以网络科技、移动互联设备等手段，进行信息的数字化展示。在垂直方向上，对博物馆的文化进行深度发掘，在水平方向上，通过动态的、平等的、互动的参观方式，将观众的视觉、听觉、嗅觉乃至触觉等都发挥出来，使观众在参观博物馆的过程中获得更丰富的体验。

从数字化展览的发展范畴来看，数字化展览是一项变化剧烈的综合性工作，其总体上体现了“以人为本”和“以用户为中心”的原则，这也与博物馆日益“以人为本”的理念相吻合。数字展陈能够为博物馆提供智能化、个性化的博物馆空间营造，给观众带来整体与细节的全方位的展示，为其提供感知和互联互通的基础。同时，最大程度地实现了观众的自主性参观体验，深化了博物馆的文化传播。从本质上来说，数字展陈的方式拓宽了文化传播的途径，让受众可以获得更全面的文化内容，这对文化的再传播和再创造起到了积极的作用。

博物馆其实类似于一个复杂的网络，它将藏品、物理空间等一系列的实体结构融合在一起，并在这个基础上，通过藏品的文化内涵，构建出一张复杂的虚拟网络，从而形成了各种各样的关系。数字展览是博物馆内部的一个实体系统，它承担着馆藏的数字化展示的作用，同时也是一种让观众在参观过程中能够进行互动的方式。根据数字展陈在博物馆中的应用类型，作为博物馆的实体结构和设备，数字展陈主要包括 6 个子系统：屏幕显示系统、触摸屏系统、语音导览系统、投影系统、VR 系统和直播社交系统。数字化展示技术的运用更加广泛，融合了各种声音、光电等手段，实现了博物馆展示形态从静止到动态，从平面到三维，从被动接收信息到信息的自由交互。

在博物馆中，数字化展览主要是通过对馆藏文物的内涵与文化的展现，让观众对文物有更深层次的了解。通过这种方式，在展品和观众之间搭建起一座桥梁，让观众可以得到更好的参观体验，从而推动文化的广泛、深度传播。数字化展览，是一种在博物馆内进行数字化展览的装置与环境，它在不断探索与之相适应的互动设计形态，以给观众带来更好的互动参观体验为目标。从本质上来说，数字展陈是一种对博物馆馆藏资源的扩展性诠释。在博物馆有限的展陈空间面前，数字展陈对博物馆中没有展出、无法展出，以及仅仅依靠实物展示展出效果不佳的数字化信息及形象进行了更深层次的阐释，并将其付诸语音，实现人与数字化资源的交流互动，为观众讲述自己的故事和文化内涵。

（二）博物馆数字化展览的优点

1. 提高展览的可访问性和可见性

数字化展览可以通过网络平台等在线渠道，将博物馆的展览内容传播到全世界，使更多的人可以参观和了解博物馆。

2. 丰富展览的内容和形式

数字化展览可以通过数字化技术，为展品提供更多的信息和故事，同时也可以通过 VR 等技术，为展览提供更加生动和立体的呈现方式。

3. 提高观众的参与和互动性

数字化展览可以为观众提供更多的互动和参与方式，例如通过在线留言、社交分享等方式，让观众更加积极参与到展览中来。

4. 提高展览的可持续性

数字化展览可以实现永久存储和在线展示，从而提高展览的可持续性和传承性。

总之，数字化展览是博物馆数字化转型的一部分，通过数字化技术的应用，为博物馆提供更加丰富、生动和可持续的展览体验，从而提高博物馆的影响力和文化价值。

（三）博物馆数字化展览的重要性

1. 保护文化遗产

数字化技术可以对文物进行数字化保护，以防止文物被破坏或失窃。数字化还可以保护文化遗产不受侵蚀和破坏。

2. 丰富文化遗产

数字化技术能够为博物馆的收藏品添加更多的信息和内容，例如历史背景、艺术价值等，从而使游客更深入地了解文物背后的故事。数字化还可以将不同博物馆的收藏品通过互联网共享，从而丰富了文化遗产的可访问性和可见性。

3. 增强游客体验

数字化技术可以为游客提供更丰富、更生动的参观体验。博物馆可以利用数字媒体、VR 等技术，将展品呈现得更为生动、立体，从而吸引更多的观众来参观。

4. 促进教育和研究

数字化技术可以为博物馆提供更多的教育和研究资源。通过数字化可以获取更多的文物信息和历史背景，并将这些信息整合到教育和研究领域中。数字化还可以为学生提供更多的学习资源和工具，从而促进文化教育的发展。

综上所述，数字化在博物馆中的重要性是不可忽视的。数字化不仅能够保护、丰富和提升文化遗产的价值，还能够为观众提供更好的参观体验，并促进博物馆的教育和研究工作的发展。

伴随着数字化技术的飞速发展，博物馆陈列的形式和特征也随之改变。

数字技术的运用打破了传统博物馆的展览模式，以互动的艺术形式，为观众提供视觉、听觉和触觉的刺激，丰富了博物馆与观众的交互形式，带来了全新的交互体验。同时，还能按照自己的喜好，自主选择游览的路线和展品的主题。通过互动及其他方法，既可实现展览之教育功效，又可增加展览之趣味，提升观众积极探究之积极性。

二、博物馆数字化展览的发展历程

博物馆数字化展览是指利用数字化技术和互联网等信息技术手段，让观众可以通过网络平台体验博物馆展览的一种形式。其历史可以追溯到 20 世纪 90 年代。在那个时代，博物馆开始意识到数字化展览对其未来发展的重要性，同时也开始尝试将博物馆的藏品、文物等进行数字化处理。1991 年，英国利兹市立博物馆成了全球第一个数字博物馆，该博物馆将自己的展品转换为数字格式，让观众可以在个人电脑上进行访问。

此后，许多博物馆纷纷推出了自己的数字化展览项目。1995 年，美国国家航空航天博物馆推出了其首个数字化展览“Apollo to the Moon”，这是一次展示美国宇航局太空探索历程的数字体验。同年，加拿大皇家博物馆推出了其数字化展览“人鸟古邦”。该展览收集了许多来自整个加拿大土著部落的收藏品和艺术品。到了 21 世纪初，随着互联网技术的发展和移动端设备的普及，数字化博物馆的发展进入了一个新的阶段。一些大型博物馆开始构建自己的数字化平台，例如美国史密森尼博物馆、英国大英博物馆等。同时，也有很多新兴的数字化博物馆涌现出来，例如谷歌文化遗产计划、欧洲数字图书馆等。

现在，数字化博物馆已经成为博物馆转型必不可少的一部分，不仅为更多的人提供了更便捷的文化遗产体验，也为博物馆的可持续发展提供了新的思路和模式。从最初的皇家私人收藏，到如今人人可入的现代博物馆，已有上千年的历史。随着移动网络技术的发展，人们的生活方式发生了巨大的改变，博物馆越来越接近人们的日常生活。尤其是与新科技及新媒介的融合，更是面临着新机遇与新挑战。

（一）2G 时代的博物馆展览

2G 是第二代移动通信技术，它以数字蜂窝技术 GSM 为主要的技术应用，其核心技术是数字语音的传输。在这个时期，博物馆的整体环境还处在传统的状态，主要是以实物展示为主要内容，观众在进入博物馆之前，都是以非接触的方式进行参观，主要是以视觉欣赏和工作人员的讲解为主要方式。少数的大型博物馆拥有多语种的语音解说设备，可以租赁，但是内容是固定的，不能让观众自己挑选，更不能让观众进行互动。在这个阶段，博物馆最主要的作用就是为观众提供一个可以参观和欣赏文物的地方，所以基本上不会为观众提供无线网络，有些博物馆还会提供一些可以让观众进行查询和互动的互动设备，但是因为网络速度的原因，观众基本上都是以个人的身份，或者是以小组的形式进行参观，所以观众与博物馆进行互动的机会并不多。

（二）3G 时代的博物馆展览

3G 是第三代的移动通信技术，它出现在 1998 年，到 2000 年已经得到了广泛的应用，人们可以通过手机来实现视频通话，也可以通过手机上网。在 3G 技术的帮助下，博物馆也在逐步朝着信息化的方向发展。博物馆的信息传播主要是通过信息化的平台，而观众的信息传播也逐渐利用移动互联设备。在参观博物馆的过程中，观众不再仅仅是被动接收与博物馆有关的信息，他们开始利用移动互联设备来自主获取博物馆、展览和展品的各类信息。由于数字化的建设，博物馆自身也开始发生了一些变化，比如对文物进行信息化的管理，对博物馆的灯光环境等，还有博物馆内安装和设置比以前更加复杂的数字互动。观众在参观博物馆的过程中的作用越来越大，博物馆也开始关注和研究观众，努力为观众提供更好的信息服务，比如将展品拓展到数字内容的制作、传播、社交媒体的参与等。

（三）4G 时代的博物馆展览

4G 通信技术在 3G 技术的基础上又有大幅度的提升，它的传输速率比 3G 快十倍，在移动状态下最高可达 100Mbps，在固定状态下或步行状态下可达 1Gbps。在 4G 时代，由于高速的网络传输能力，能够实现高清视频等多种功能，同时，博物馆也在逐步利用手机等终端，向公众提供更加宽广、更加独立的信息服务。全国超过一半的博物馆已经开始向观众提供免费的无线网络，并逐渐完成重点展览的数字化工作，一个接一个地向观众提供数字化服务。同时，在移动互联设备的软件开发上，也得到了迅速的发展，通过 App 和二维码等形式，向观众提供博物馆的参观信息和文物信息。

随着移动网络的快速发展，4G 网络将会出现更为丰富的访问方式。博物馆能为不同的观众提供多种信息获得途径，并能为观众提供不同的参观者体验。在中国国家博物馆的数码展览中，实体展览与数码展览被很好地融合在一起。对文物有兴趣的观众，既可近距离观看、拍照，又可借助周围的数码展示设备，放大细节，进一步了解相关资料；那些想要一睹文物真面目的观众，也可以很快穿过实体展台，进入数码体验区，感受数码展览的别样效果。观众可在触摸屏幕上与三维虚拟模拟的文物模型进行全面互动，并可通过文物资讯介绍及触摸屏幕互动游戏等方式了解有关文物的资讯。另外，观众可以用相机的画面和声音，与三维虚拟模拟的文物模型合影，并获得保存的照片文件。由于 4G 的传输速度，不能支持高清晰的视频，所以大部分的数码展览设备，都是以照片的形式保存，这在某种程度上是有局限性的。我们必须承认，虽然 4G 网络时代的博物馆已经具备了一些互动的能力，它给观众带来了一些参观体验，但在当今科技飞速发展的时代，它还远远不能满足人们的需求，因为网络的速率和容量已经在某种程度上对人们的互动参观体验产生了一定的影响。

（四）5G 时代的智慧服务型博物馆

5G 作为第五代通信技术，具有更高的速率、更大的覆盖面和更小的时延，在大数据和物联网等高端技术领域具有广阔的应用前景。在 5G 网络中，下行链路最高可达 20Gbps，上行链路最高可达 10Gbps，同时极大地减少了时延，提高了网络的整体效率。5G 将带来比光纤更快的移动（移动比特）、比工业总线更快的实时性、比全天候更好的连通性。从 2G 阶段的单个通信装置到 4G 阶段的基本装置互联，5G 将会为装置互联、万物互联提供更多的可能。在同一物理空间中，各种装置之间的信息可以通过智能界面进行链接，从而使人成为最大的受益者。如果把 2G 看作是数据的萌生，3G 是数据的催生，4G 是数据的发展，那么 5G 则是将数据进行融合，将其应用于博物馆，给观众带来更好的使用体验。

中国是世界上移动互联网用户最多、智能手机用户最多的国家，“互联网思维”的智慧服务博物馆的发展，其实质就是信息化进程的加快所带来的信息服务和传播的加速。我们可以看到，在现代博物馆中，信息的传达和反馈得到了迅速的发展，而观众的作用也得到了进一步加强。博物馆是一种文化的载体和传播媒体，在馆内的实体文物空间和信息交流传播的虚拟空间中，观众可以进行交互式的参观，他们是博物馆中重要的信息加工者、制造者和传播者。

在4G向5G的转变中，最令人印象深刻的就是在网速上有了极大的飞跃。一份12G的文件，4G与5G同时下载，5G下载的速度优势很明显，仅需11秒，4G下载的时间为16分钟，速度上的差距为观众带来了更多的智能体验。现在，在我国很多博物馆的建设过程中，都已经认识到了互联网技术所带来的飞速发展，很多博物馆都向观众提供了免费的无线网络，并可以自行搜索馆内的资料，比如河南省博物馆就为观众提供了无线网络。从这些事实可以看出，5G的广泛应用在博物馆设备上的初步工作已经完成，因此，在今后的博物馆中，如何更好地利用5G网络，为观众提供更好的服务，这将是博物馆数字展陈形式发展的一个主要趋势。

目前，国内外大部分博物馆是免费开放的，但最近几年，一些博物馆开始实行预约制，比如北京故宫博物院，就实行了每日8万人次的预约，这既方便了博物馆的管理，又给了观众更多的选择空间。这些服务使得博物馆在未来更能顾及观众的资讯需要及互动需要，更注重观众的心里感受。

三、博物馆数字化展览的特点

（一）内容方面的特点

1. 交互特性

互动特性主要表现在全方位的人性化行为方式上。这里的人性化主要强调的是观众的个性化选择。观众可以按照参观的需要，自主地选择参观的方式以及不同的参观路线。当观众走进展示空间时，会按照展示中所提供的有关信息，并按照自己的需要来选择要参观的内容，这样就不会再被动地接受展览中的信息，而是会积极地去探索展览中的信息。如果是一个虚拟的信息空间，观众可以更好地发挥自己的空间想象力。观众可以从多视角、多方位参观展览，并且每一次参观的体验都是不同的，总会带给观众一种新奇的感觉，激发了观众的积极性，从而激发了观众对展览的兴趣。

2. 感受特性

数字展品可以把观众的所有感觉都融入展品中，让人有一种“身临其境”的感觉。在虚拟仿真环境中，观众不但可以从视觉和听觉上感受到展览中的信息，还可以从触觉、嗅觉上感受到各种展品所带来的信息刺激。将观众置身于一个全方位感知的模拟环境中，让观众去感知真实的展示空间。

3. 想象特性

在博物馆数字化展示中，涉及与心理学相关的专业内容，这是为了让观众对所演示的内容产生某种心理反应，从而吸引观众的注意力。数字技术在博物馆陈列展示中的运用，更能显示出心理学的功能。数字化展示的信息环境空间大多属于虚拟的立体空间。虚拟空间打破了现实空间的局限，让空间的表现力变得更加丰富，更具想象力，更自由。这样，当观众在参观展览的时候，可以把反馈的信息实时地反馈给展览，观众与展览之间的信息交流变得更加真实，观众的情绪也可以被及时地反映出来，展览可以适时地对展示的方式进行调整，让展览更适合观众的需要，同时也可以满足展示信息传播的需要。

（二）设计方面的特点

1. 以动态为主导的展览方式

随着数字化媒介技术的发展，以数字化为主要手段的展示模式，已经彻底改变了传统博物馆的陈列模式。在传统的实物博物馆中，尽管也有声光电技术的应用，但以静态为主。在数字展示的环境中，三维的图像与时间的组合，构成了一个四维的空间，让展览的动态变成了形式的核心，让展览变得更加丰富，更加灵活，提升了展览的效果。

2. 展览由“实体”向“数字”方向转换

传统的博物馆展览方式已经不能与当今社会的需要相匹配。无论是在信息量方面，还是在展示空间方面，它都对观众的参观有很大的制约，不能让观众更加深入和全面地接收信息。但是，数字技术提高了展示信息量的传播的能力。在某种程度上，观众可以不受展示空间的制约。此外，数字博物馆还解决了博物馆地址、时间等方面的制约问题。数字化展览在一定程度上扩展了博物馆的教育功能，取得了寓教于乐的效果。

（三）技术方面的特点

1. 多媒体技术

从字面意义上来说，多媒体指的是由单一媒体媒介结合而成的新的媒介形式，比如由文字、图形、影像、动画等，经过计算机的数据处理，而构成的一种新的信息载体。多媒体强调的是各种不同的信息载体，它们之间的组合构成了各种信息的表达和传播途径。载体同时获得信息、处理信息，并最终以两种以上的信息载体向外展示和传递。这种信息的处理和传递是在一定技术支撑下形成的。多媒体技术的发展给计算机技术带来了一场新的革命，多媒体技术在人们生活、学习、工作的各个方面都有广泛的应用，使人类社会的各方面应用向更加人性化的方向发展。

20 世纪 80 年代，随着计算机技术的飞速发展和互联网技术的日趋成熟，多媒体的发展达到了一个新的高度。多媒体、超媒体技术在展示技术方面的应用推广，极大地改变了展示的观念和思维方式。数字技术在展示中应用的最大结果就是展示越来越人性化。

2. 虚拟交互技术

利用虚拟交互技术，把想要展示的内容，在一个虚拟的空间里展现出来，这个虚拟的空间，已经超越了现实世界的想象，给人带来了一种崭新的思考方式，开放的形式，更加透明，信息的传递和获得更加方便。观众可以在这个虚拟的空间参观展览，也可以自己选择不同的参观模式，甚至可以用重新创作的展览形式，让展览更加逼真。虚拟交互技术着重强调了人在虚拟展示系统中的地位，在展示环境系统中，观众可以跟周围的环境展开互动，这样可以提高观众的沉浸感和参与度，让观众对展品的信息有更多的了解，让观众有更多的参观欲望，从而提高了展示的说服力。

四、博物馆中数字化展览的类型概述

博物馆的数字展览对博物馆展示事业的发展有着重要的影响。数字化展示的发展是社会数字化发展的必然趋势。从博物馆发展的趋势、对展品的研究和对博物馆数字化展示的概念来看，博物馆数字化展览的类型主要可以划分为两种。

一是物理博物馆的数字化展览的方式，主要是将传统的陈列方法和现代数码技术有机地融合在一起，使物理博物馆的陈列更加逼真。观众在物理展示环境中所接收到的展览信息，是将物理展品与数字虚拟展品相结合，从而产生了对物理展品信息的强化效果。

二是虚拟博物馆的数字化展览，它采用了数字化技术，对所展示的信息进行了收集和压缩，并利用互联网和电脑技术，建立了一个虚拟的展示空间，在该空间中展出的是虚拟的展品。数字展览在物理博物馆中的应用与虚拟博物馆的数字化展览方式将会一起发展、互相补充，让博物馆的展览功能得到更好的发挥，共同推动博物馆数字化展览的发展。

在本节内容中，通过对数字技术在博物馆中运用情况的分析，归纳出了在博物馆展览中数字技术的种类和特点，并对博物馆数字化展览的概念、特点进行了分析，从中我们可以发现，数字化展览的发展方向就是强调人性化。在这一点上，对传统博物馆的展览理念进行了突破，特别是数字展品概念的提出，解决了文物保护与文物展示之间的矛盾。

第二节　实体博物馆中的数字化展览设计及技术

一、实体博物馆中的数字化展览概述

根据博物馆发展的几个阶段，可以看出，博物馆的主要功能是对文物的储藏、保护、研究、展示等。但是，在展示功能方面，因为文物本身的原因，以及展示空间的限制，很多展品不能对观众进行全方位的展示。即使展示了，

也很难将文物的全貌展现出来。此外，一些文物与考古现场并不属于同一类，因此展示的效果无法满足实际的需要。数字展览馆的出现，给传统的展览馆带来了新的生机。实体博物馆的数字化展览，主要指的是将传统的展览方式与现代的数字技术融合起来，对实体博物馆中真实的展示手段进行强化。实体博物馆的数字化展示，弥补了传统博物馆不能将展品的所有信息都展现出来的缺陷，观众在实体展示空间中所接收到的展品信息，是将实物展品与数字虚拟展品融合后所传递出来的信息，这就为实体展品信息的传递带来了一种信息的强化效果。

二、实体博物馆中的数字化展览设计分析

随着数字传媒技术的飞速发展，现代博物馆已步入了多元化发展的时代，博物馆的陈列设计理念也随之发生了翻天覆地的变化，将实物陈列信息和虚拟陈列信息进行了有效融合，实现了信息的交互，实现了文物的数字化，实现了文物的无限制展示，为观众提供了完整的信息和自主的参观路径，这是实体博物馆数字化陈列设计的主要目的。

（一）实体博物馆中数字化展览的特点

近年来，随着数字媒介技术的飞速发展和在线互动平台的日趋完善，使得在展示空间中实现信息展示与观众参观相结合成为可能。利用数字媒体技术，可以为现场观众提供一个既有空间引导功能，又有展示信息自动导览服务的客户综合展示服务系统。数字人工智能是信息技术发展的结晶，它为现代博物馆的展示方式和参观带来了新的发展思路。将数字智能技术运用到博物馆展览中，将改变当前以普遍性为主导的展览模式，并将其转化为以使用者的个性化需求为主导的展览模式。

第一，“个性化指定”是指当观众在博物馆展厅中使用数字智能系统展开的时候，系统的设计要充分考虑到观众需求的个性化、系统使用的趣味性以及感官、听觉、视觉的感知性等多个方面的因素，从而为观众提供一系列具有多种风格的展示参观方案。第二，对系统接口进行了先进的交互智能接口的设计。以往，在实体博物馆的陈列中，观众是按照陈列所设计的活动路线来参观

的，而每一位观众所获得的知识和方法都是大同小异，缺乏灵活性和主动性，这就导致了展览参观的个性化程度较低，更谈不上人性化。

因此，在现代博物馆展示设计中，提出了“理想式引导”的展览手法。比如，在现代博物馆展示中，超音频定位系统就是一个语言对话导览展示系统，利用超声波定位系统，使其在利用馆中发挥更大的作用。举例来说，当观众在参观博物馆中所收藏的著名绘画作品的时候，这个系统不仅能够为他们提供展品的信息，而且系统还会提供能够吸引观众对相关绘画信息感兴趣的作品，供他们自由选择。除了使用自然语言的讲解之外，超音频定位系统在输入和输出的时候还融合了超媒体设计。访客可以通过交互界面输入与展示有关的文本信息，在系统输出的时候，还可以按照访客的需要生成图像、实体和文本等，将访客从一个真实的博物馆空间带入一个将现实和虚拟空间相融合的信息扩展空间。所以，超音频定位系统创建了一个适用于大规模信息传输的空间环境，并将信息和导览系统结合在一起，这是一种展示模式的新模式。在实体博物馆中，采用数字化的展示方式，是对现代博物馆展览的一种向着个性化的方向进行的变革。

（二）实体博物馆“扩增空间展示”展览方式设计分析

1.“扩增空间展示”展览方式概念的产生

在博物馆数字化的研究与实践中，虚拟博物馆、网络博物馆等数字博物馆已经成为一种让人“参观”博物馆的方式，同时也是一种新的方式。观众可根据自己的喜好，在网上观看，了解到与现实博物馆陈列内容相符的可视化介绍。数字化博物馆是对传统博物馆的一种补充，它给人们带来了更加便捷和快速的参观体验。但是，在一个虚拟的博物馆里，观众的感觉，还有对博物馆文化的理解，都和现实的博物馆是不一样的。

“扩增空间展示”项目针对传统博物馆在物理空间中呈现柔性不足、在虚拟空间中呈现情绪缺失等问题，提出“在物理空间中进行扩展呈现”的新理念。也就是说，把虚拟展示空间融入博物馆的实体展示空间之中。运用混合现实技术、增强现实技术等，增强了观众在实物藏品中的观看体验，扩大了博物馆的展示空间，增强了观众在展览过程中的感受，还可以为展览的全面信息提供一个良好的机会。比如，在实体博物馆展示过程中，利用区域定位系统、头盔、立体眼镜等设备，去观察和触摸感兴趣的展品。也可以利用激光指示器对准藏品，来获得各种附加信息，这样可以让观众在展品面前进入一个虚拟空间。在虚拟空间中，可以为观众提供在实体空间中无法获得的信息。此外，观众还可以按照自己的需要，自主选择信息内容。这样，可以扩大展品的信息传递量，还可以提升观众与展品之间的互动能力，将数字化展品的再生文化价值充分发挥出来，从而使展品对每一个观众的信息传递构成了个性化的传递，为解决两种展示方式存在的问题提供了新的方法。

2. 实体博物馆“扩增空间展示”的特点

“扩增空间展示”指的是博物馆实体空间与虚拟信息空间相结合，是一种互动、漫游的展示空间。

（1）在一个真实的展览空间中，当观众靠近所要参观的展品时，观众可以通过数字智能定位系统进入对应展品的虚拟信息空间，从而将现实和虚拟的信息空间联系起来。

（2）利用数字智能定位系统，观众可以通过系统进入展品的虚拟信息空间，在系统的提示帮助下，选择自己感兴趣的参观信息，还可以按照自己的需要来调整参观路线，这样就可以更加突出展示的个性化。

（3）使观众能够比较现实和虚拟环境中的资料，提高他们对展览的兴趣，并为博物馆的教学和科研工作提供软件和硬件支持。

（4）“扩增空间展示”的数码智能导览系统，不但可为观众提供个性化的陈列及互动模组，更可协助观众在实际空间中探索有意思的游览点及游览路径。

3. 实体博物馆“扩增空间展示”的参观路径新概念

博物馆游览路线的设定，对于观众在博物馆中所能得到的资料都是非常重要的。而将虚拟资讯空间纳入博物馆陈列，则使“游览路线”发生了改变。首先，观众在这个空间中的活动，并不是单纯的参观，而是为了获得更多的信息。在每次到达一个空间节点的时候，都预示着将会获得新的信息。其次，在展示空间维度中，观众所在的空间维度是双重的，也就是在真实空间中得到展示品的知觉体验，并对在虚拟空间中的信息展开浏览。

在“扩增空间展示”的数字智能导航系统，以观众的兴趣为方向，以展示计划方案为依据，提出观众在现实空间和虚拟空间进行参观的路线方案。为使观众能有更好的参观体验，本书从二维的角度来分析观众体验的意义与空间特征。在此，本书引入了距离的概念，语义距离是对两个展品概念之间的联系程度的度量，而空间距离是对两点空间距离的度量，系统将语义和空间的距离相结合，并根据展品、观众的兴趣以及展示的环境，为观众提供合理的参观路径，从而提升观众参观的效率。

实体博物馆“扩增空间展示”的数字智能导航系统可以在实体空间中显示观众的移动轨迹，为观众提供所需和所感兴趣的信息。即使观众没有明确的要求，系统也会为其提供一个隐性信息的输入。当观众在空间里免费参观的时候，系统会根据观众所处的位置，自动计算出信息存储中的展品信息，从而引导观众注意并在感兴趣的位置上停留。与此同时，系统会自动播放音频描述或视频描述。当观众提出想要去某个地方参观时，该系统会设置一条合理的游览路线，并给出相关的信息，从而将观众引导到该游览地点。为了确保观众能够按时、快速抵达相应的展位，本系统将不会启动其他展位的相关信息。若观众欲深入了解展览内容，亦可于本系统内进行交互式操作，观众可于电脑银幕上按下虚拟按键，了解更多资讯。比如，该系统可以根据观众的要求，将与展品性能相近的产品的性能与展品的同时代的、性能相近的产品进行比较。

（二）实体博物馆中的数字化展示技术手段

数字技术使实体博物馆展示空间的信息虚拟展示变成了现实，例如，信息控制系统和便携式导航设备能够让观众从陈列的对象进入虚拟的信息空间。更一般地，发展资讯科技，以适应不同环境，协助扩大展示范围，加强人们与展示互动的能力。

博物馆的个人化交互式“扩增空间”为观众创造了一个便捷、快速的方式。每位观众都要带上一台带有定位设备的掌上电脑，并在每一个重要的参观处都安装了一个小的红外发射器，可以向观众发出相应的信息。

通过使用定位系统，可以确认观众什么时候到达某地，还可以激活安装平台上信息储存库的相应部分，可以收集并整理出有价值的信息，这些信息被划分为语音信息和平台显示屏上的文字信息。

运用静态与动态的数字媒介技术，依据观众的兴趣，实时激活相应的展示影像与声音。在这样的方式下，系统会对观众进行引导，并利用音响系统为他们提供信息，让他们可以通过导航寻找到自己感兴趣的展品，听到博物馆里其他有趣的物品的相关信息，询问需要的补充信息，以及获得下一步要参观的信息。这样，在扩大的展示空间中，就可以得到个性化的指导。

在超音波中，使用带有红外传感器的设备，将一种对建筑物无害的小型红外发射机，安装在博物馆的重要位置，而且不需要铺设电缆，每个发射机里面都有一个电池。

每一个发射机所发出的红外讯号都有一个独特而明确的讯息编码。当观众的活动平台到达发送者所在的位置时，安装在听筒上的接收者就会捕获到一个确定的信任码，从而确定观众位置，并为其提供一个接收显示图。如果有太多的发射机相互接触，那么其覆盖范围就会减小，从而提高了定位系统的准确度。

在实际空间中，观众的访问路径与其需求、兴趣等信息密切相关，即便观众没有明确要求，传感器也会为系统的决策提供一种隐性输入。观众可以在空间中自由地观察并注意展示的对象，如果系统根据观众的位置，自动计算出相应的信息储存库，那么观众就不需要去检查平台屏幕的信息。当观众在一个有趣的地方驻足时，该系统就会自动播放一段声音说明信息。该系统可以判断观众的行为是否与其有关联。当观众想要进一步了解自己所感兴趣的主题时，向系统询问有关的问题，系统将按照观众的要求提供相关的信息。观众可以点击操作台屏幕显示的虚拟按钮，以获得更多详细的视频、音频信息内容。比如，按钮会通过比较相似物体同作者、同时代作品或激活图像指令地图和语言解释来提示如何到达在提示消息中提到的相关有趣的展示展品。

当导航系统输出演示提示消息时，将包括内容显示以及下一步的建议。在超音频项目中，内容主要是以语言的方式，以音频设备的方式展现出来，将事先录制好的音频信息进行适当的汇总，在观众再次需要的时候，经过系统的确认后，这些信息就会被自动播放出来。博物馆的地图可以通过彩色图谱或者点击文字来显示，并有相应的浏览链接和系统说明。

三、实体博物馆中数字化展览的主要形式

赫伯特·A·西蒙对人与物所处的这个复杂体系有更深入的研究，他把人与物看成一个“界面”，即人与物之间的交界处，也就是人与物之间的关系。数字化展示是一个“人工物”，它是一个系统的存在，是一个最具时代性的建筑。从技术与资讯的表现来看，各种应用形态又可分为若干个小的子系统，内、外环境亦是如此。目前，馆藏数字化展示装备的应用，主要是以文物数据采集、三维虚拟模拟等为先决条件，该环节耗时耗力，而由专业技术人员完成，例如湖北省博物馆，其文物数据采集精度可达到0.03mm，并可直接进行3D打印。因为拥有良好的数字化的文物信息，采集和模拟的视觉图像和后期的语音都可以投入数字展陈设备中，它的主要形式有屏幕显示、触摸屏、VR、数字投影、语音导览、直播社交等，它们各自为独立的模块，系统化的存在，共同构成了博物馆中数字展陈的最终形态。

（一）屏幕显示系统

博物馆中的屏幕显示系统，主要包括了分散在各大场馆、休息区、门厅等室内的各种大小的液晶显示屏，它的作用是向观众展示与博物馆及其文物展品有关的动态视频。目前，它的主要内容是大小不一的液晶显示屏。随着博物馆内的3D影院和4D影院的出现，让观众感受到了3D和4D的视觉体验。这一类的屏幕显示系统，主要与博物馆的场景相结合，围绕着馆藏的文物展开介绍，也有一些设置在专门的数字影院展厅，以2D、3D、4D三种不同的影院类型向观众开放。在这些类型中，2D在大多数情况下都是不收费的，而3D和4D一般是主要的收费形式，在展览方式中深受孩子和年轻人的欢迎。

（二）触摸屏系统

触摸屏系统主要是指具备触摸屏交互功能的设备，也就是交互界面屏幕，它包含了查询机、触屏墙面等，有立式、挂式和镶嵌式等多种形式。在每个展馆、走廊、休息区都有大量的布景。它主要包括了对文物展品的文字或语音查

询，与之相关的动态视频介绍，以及为观众提供的教育或娱乐的互动体验等。在馆内，观众可随意利用触摸屏幕装置，获得所需的有关资料，或进行教育、休闲等方面的活动。

触摸屏技术的使用，需要观众与作品进行交互。观众在这个过程中，不但会对作品的视觉信息进行修改，还会感受到虚实空间的存在，因此，操作本身就跟屏幕上的视觉信息同等重要。触摸屏是一种 3D 模拟模型的显示与互动，观众可以从模型库里选择任何一件文物模型，并将其放大或缩小，从各个角度进行观察，研究其特点、纹理、材质、形状等，是对实物展览的补充。

通过触摸屏幕，观众会有一种身临其境的感觉，而虚幻的光线效果和阴影则进一步增强了这种身临其境的感觉。因为触摸屏具有更大的尺寸，所以它具有更强的代入性。因此，在观众参观博物馆、欣赏文物、获取信息和知识的时候，观众与数字展陈设备之间的互动已经渐渐替代了简单的视觉和听觉，而这种互动的过程也改变了博物馆、文物展品和观众之间的关系，从单向转变为多向，从信息输出转变为信息交流。

（三）语音导览系统

在博物馆里，语音导览系统是使用时间最久的数字化辅助设备之一。通过语音导览设备，观众可以沿着博物馆的参观路线，对博物馆的藏品和文化有一个基本的认识。随着信息交流技术的不断发展，观众可以借助移动互联网，还可以租借平板设备，从而实现边看边听，边走边看，边寻找多感官语音导览交互式体验。

在博物馆里，声音是创造“现场感”与“沉浸感”的重要因素，从一开始的录音式语音引导器，到现在的多语种耳机，再到手机与平板电脑，语音引导器的配置也发生了变化。通过现场调研与网上调研，目前使用较为广泛的是平板型语音导览器，大部分博物馆都有基于语音的“导览盒子”或基于声音的视频的方式，并以此为基础对其进行了研究。有些博物馆还会在展厅内设置机器人，为观众提供引导，但真正在实际中使用最多的还是便携式的机器。

上海博物馆在 2019 年底推出的“智慧导览”观众引导系统，是一种基于移动互联网、物联网、大数据的新型智能引导系统，它具有方便、智能、人性化的特点，可以实现对观众的实时定位，对观众的行为进行识别。它能够向观众推送与文物有关的语音讲解、延伸信息及互动体验等内容，让博物馆的参观过程变得更加智能，让观众的参观体验得到提高，更好地围绕文物讲故事。智能导览的突破在于，可以根据观众的年龄、性别、语言等基本信息，将观众所选择的参观偏好和行程安排结合起来，为观众规划出一条与自己身体状况相匹配的合理观展路线。

（四）数字投影系统

博物馆中的数字投影系统，主要应用于对博物馆馆藏的文物展品进行深度讲解，以及对文化图像或者视频进行传播等方面。也有一些博物馆，将投影系统应用于地面或者墙面的导览服务。从形态上来看，主要有两种，一种是静态的投影，另一种是动态的投影。技术上，投影系统主要包括：全息投影 (360 度成像技术)、三维数字投影沙盘、环幕投影、球形投影、互动投影、4D 影院等。从目前的调查来看，考虑到成本和使用管理等方面的原因，180 度投影仪和全息投影仪是博物馆中使用最多的一种。还有许多博物馆采用了投影技术与实物媒体相结合的方式，比如在山东孔子博物馆中，采用了实物沙盘与数码投影相结合的方式，给人一种“虚”与“实”相生共融的感觉。

从本质上说，数字投影系统就是将与博物馆有关的视频、音频、动画、图片、文字等进行综合运用，将展陈对象背后的文化、背景等内容进行充分挖掘，从而达到其他数字展陈形式所不能达到的动态展示形式。为观众提供视觉、听觉及其他感官体验，提升观众参观的兴趣，以最大限度地接收到数字展陈设备和环境所传递出的信息。投影系统的交互技术有接触式和非接触式两种，并与各种感应设备和识别技术相结合，不仅可以实现单人互动，还可以提供多人同时互动和间歇互动的方式，而不会对整体的效果造成影响。该投影仪最大的优势在于，它的安装和布置非常容易，拆卸、组装、运输也非常方便，适合各类短期或长期展会的不同需求。

（五）VR 系统

博物馆的 VR 系统包括了通俗意义上的 VR、AR、MR 等，它们是近几年出现的图形领域中的高新技术产品。VR 系统是通过计算机程序的算法，来模拟出一个具有三维空间的虚拟实体或环境，为用户提供视觉、听觉或触觉上的仿真模拟，使用户能够身临其境地感受和观察到虚拟世界中的事物。此类设备造价昂贵，使用维护费用也比较高，因此在当前的博物馆中并不常见，而其主要的辅助陈列方式，更能带给观众更好的感受。与一般的图像介绍和视频展示不同，使用 VR 系统的展示能够提高展览本身的趣味性和观众的参与度，让观众得到更深层次的认识，在心理层次上得到更多的满足。当前，国内各大博物馆正在对 VR 的展示进行构建，使观众可以通过视觉、听觉和触觉对文物展品进行更深层次的认识，通过人和物品的互动，提高观众的心理满意度和精神交流。

由于时延的特点，VR 技术一直未能得到广泛应用，其中一个重要原因就是“延时”的问题不能得到很好的解决。由于受到网络速率的制约，实时图像的产生与更新需要较长的时间，无法与用户感知到的动作相匹配，从而产生了“延时”问题。在 4G 和无线网络环境下，基本以无线网连接为主的需求，速度为 20Mps，并有 50 毫秒的延时要求，只能提供流媒体的内容，通过本地计算机的渲染，再通过设备的全景视频下载来使用，图像和文字都是本地叠加，多应用于模拟及指导、游戏、远程办公等较小的领域，本质上是 2D 动态图像的三维呈现。5G VR 技术将基于云计算的混合现实技术，在 100Mbps 到 10Gbps 的传输速度下，网络延迟仅为 2~10ms，为用户提供了极大的便利。云模式下的实时绘制与下载，带来超高清晰度的即时游戏体验，极大地提高了玩家密集度与实时性。5G 网络的时延与 4G 相比降低 10 倍以上，业务容量与网络效率提升 100 倍以上，4G 所面临的一系列问题，将在 5G 网络中得到有效解决，为 5G 网络的大规模普及奠定坚实的基础。随着 5G 技术的飞速发展，VR 技术也将迎来新的契机。与实体博物馆的纯实物展陈相比，VR 系统具有信息全面、自主操作、实时互动、超现实的传达等优点，它为博物馆提供了一个新的渠道来提高对观众的吸引力，让观众可以通过虚拟的文物展品模型和角色场景等多种方式与博物馆建立起联系。当前，VR 的数字展陈设备主要侧重于视觉和听觉的体现，而人类对真实的外部世界的感知实际上是将视觉、听觉、嗅觉、触觉等多种感觉结合在一起。在现实生活中，大多数的文物展品是通过玻璃罩或展柜的方式向观众进行展示，这在本质上是一种疏离的距离，让观众产生了一种“嗅觉缺失，触觉无能”的心理，而模拟文物的复制品的质量无法满足观众对嗅觉和触觉的要求。另外，透过博物馆数字藏品资料库与网络，可让观众透过触摸式的大屏幕与移动互联装置，进行线上 VR 体验。不需要任何仪器，只需要一个小程序，或者用手机扫一扫，就能让人感受到虚拟世界的魅力。随着科技和物质的不断发展，我们可以用“虚拟”的方式去触摸，给我们带来更多的、全方位的、多维的游览体验。

（六）直播社交系统

5G 网络的构建，为博物馆的现场直播、社会化等功能带来了极大的便利，使观众能够更快地收集、分享博物馆内的私人情感和趣闻，这与米尔佐夫提出的“物恋”现象密不可分。5G 技术下，短视频将通过“直播”等方式，在直播等新媒体平台上实现大范围的传播，并通过移动互联终端上的 App 以及博物馆自己搭建的直播平台，来吸引以年轻一代为主的博物馆受众，并将其转化为“数字”的传播。在 5G 网络下，3 分钟的视频下载量只需要 6 秒，这将为在线社区平台带来巨大的增长空间。

第 44 次《中国互联网络发展状况统计报告》由中国互联网信息中心发布，截至 2019 年上半年，在移动网民常用的 App 中，除了使用频度与时长最高的即时通信类的 App，网络视频、短视频这两类可用于直播的应用时长占据了第二位，分别为 14%、15%，2016 年至 2019 年的直播人数也增加了 20%。在 2019 年二季度结束时，排名前十的社交网站每月都有 100 多亿的活跃用户，排在前三位的分别是脸书、YouTube 以及微信。社会网络的产生和发展离不开智能手机的广泛应用，60% 以上的活跃用户是通过智能手机进入社会网络的。随着字节跳动和快手等大公司的快速成长，腾讯、阿里巴巴、百度等大公司，也都加入这个项目中。以短视频为代表的社会网络，可以在任何时间、任何地点开展，这对于博物馆内的信息传播与分享有着巨大的潜力。

社交网络直播系统的普及表明了用户对实时共享的内容有着很高的兴趣，直播视频不需要事先录制和存储，它可以录制和传输同时进行，移动互联设备另一端的观众可以立即观看。虽然都是“一对多”，但与传统广播相比，直播社交网络的实时交流方式更具实时性和交互性。通过用户间的互动，使得直播社交网络的“一对多”交流转变为“多对多”交流。回溯到2017年，脸书发布了一款全景视频直播平台，它声称能够进行360度拍摄和实时转播。在这里，主播和观众可以进行更多的交流，而且还可以进行360度的4K高清直播。博物馆只需付出极小的代价，提供一部分的设备，在5G的帮助下，可以实现更高的传播效率，这对于博物馆和观众来说，是一种非常好的信息获取和传播途径。特别是博物馆打卡、参观博物馆等，这是当前年轻人都最爱做的事情。在网络上信息的传播速度很快，覆盖面也很广，对于博物馆来说，这是一个很好的机会，可以抓住“5G+服务”的机遇，促进数字化博物馆的发展。

第三节　虚拟博物馆中的数字化展览设计及技术

一、虚拟博物馆中的数字化展览概述

在实体博物馆的数字化展览中，对传统博物馆的展览模式进行了突破，通过将数字技术与实体博物馆的展示融合起来，极大地推动了博物馆藏品的研究和展示的发展。然而，在实体博物馆数字化展览中，仍然无法彻底解决空间、交流、时间等问题。在这种情况下，虚拟博物馆的数字化展览为解决实体博物馆的数字化展览带来了机会。虚拟博物馆的数字化展览指的是运用数字技术，对所展示的信息进行收集、压缩、处理，再借助互联网和计算机技术，构建出一个虚拟的展示空间。在这个虚拟的信息空间中，观众与真实的展品没有任何的联系，展出的是虚拟的展品，也就是数字展品。

（一）虚拟博物馆的简介

虚拟博物馆是一种利用数字技术和网络平台建立的、不依赖于实体空间的博物馆。它采用VR技术，通过数字化、三维化等方法，将实体博物馆中的文物、艺术品、展览等内容与其相关的历史背景、文化特色、学术解读等信息进行整合和呈现，为观众提供了更加丰富、全面和互动化的参观体验。虚拟博物馆的优势在于可以让用户从任何地方和任何时间访问博物馆的文物和展览，

不受地域限制，为全球用户提供了一个共享文化遗产的平台。同时，虚拟博物馆的数字化方式也使得文物得以进行复制、保护和传承，节省了实体博物馆的保护与维护成本，为文化遗产的保护与传承提供了新的手段和途径。虚拟博物馆在实现文化传承、推进文化交流与融合、促进文化产业发展等方面具有重要的意义和作用，成为数字时代文化创新的亮点和创新点。

（二）虚拟博物馆中的数字化展览设计与技术特点

在虚拟博物馆中进行的数字化展示，指的是将数字展品作为一个对象，数字展品将文物藏品的原生价值和再生价值都展现出来，同时还可以利用计算机、网络等软硬件设备，利用数字展示技术来完成数字展品的研究、展示、信息传播等展示功能，为观众提供具有个性化的数字化展示服务。

1. 趣味性

虚拟化的数字展览可以让观众产生一种好奇感，吸引观众的注意力，让观众有兴趣参与到展览之中。数字技术让博物馆的展示变得更加人性化，凸显了展览的个性化。在多媒体技术的帮助下，观众可以按照自己的需要，自主地选择参观的内容和参观的路线。在全面展示收藏品的同时，还能有效地保护文物。从这一点上，对于传统的博物馆展览来说，被动地接收陈列信息变成游客主动寻找想要知道的信息，是一个很大的突破。

2. 交互性

数字展览馆的展示方式为观众提供了便利。观众可以按照自己的喜好，来选择参观展出的主题、参观的路径、参观导游的形式、互动的方式等，还可以选择与参观兴趣有关的文物信息。展览信息的传递、信息的接收甚至是信息的反馈，都是在观众的自主参观过程中进行的。这样就突破了观众与传统博物馆之间缺乏交流的障碍，观众与博物馆之间形成了良好的互动关系，这对于充分发挥数字展品的原生价值和再生文化价值起到了十分重要的影响。

3. 便捷性与可扩展性

在展示方式上，虚拟博物馆克服了传统博物馆存在的地理、空间、时间、语言、人员数量等方面的局限。借助互联网博物馆，人们可以在任何时间、任何地点，自由地对全世界的虚拟博物馆进行访问。这给人们提供了一个便捷、快速的途径，让人们能够更好地了解全世界的博物馆藏品。

因为数字技术具有系统集成的特征，它可以存储海量的展示信息，还可以不受财力的制约，所以可以定期或者不定期地对数字展品进行更新，或者增加展示主题，这为文化遗产的可持续发展提供了强有力的保障，特别是对不适宜展出和移动展出的藏品。此外，还可以对展品展开多角度的展示，虚拟展示为其提供了更加强大的数字化展示形式。

4. 准确性

相对于传统的博物馆，数字博物馆在传达信息的精确度和速度上都有很大的提升。利用网络传播的方式，不仅可以精确地展示出展览的信息，也可以对展览的信息进行及时、准确传送，还可以对信息进行实时的更新和修改，让信息传递的准确性获得更好的保障。

（三）虚拟博物馆中的数字化展览发展经历

虚拟博物馆的起源可以追溯到 20 世纪 90 年代初期，当时的计算机技术和网络技术刚刚兴起，数字图像处理技术和 VR 技术也开始应用于文化遗产的数字化保护和展示领域。1993 年，美国加州大学的一份研究报告首次提出了“虚拟博物馆”这一概念，并在 1994 年建立了一个名为“Virtual Museum of Canada”的虚拟博物馆网站，作为世界上第一个虚拟博物馆而广受关注。

随着计算机技术和网络技术的不断发展，虚拟博物馆得到了广泛的发展和应用。2000 年，法国卢浮宫博物馆推出了自己的虚拟博物馆网站，成为当时欧洲最大的虚拟博物馆；2003 年，美国自然历史博物馆推出了“Google Earth”项目，将科学研究和虚拟博物馆展示相结合，精准地定位和展示了全球各地的地理和生态系统数据；2007 年，中国国家博物馆也开始推广虚拟博物馆，打造了包括数字展馆、虚拟拓片、数字化教育等在内的一系列数字文化产品。

如今，虚拟博物馆已经成为世界文化遗产保护和展示的新方式，在数字化文化领域发挥着越来越重要的作用。随着人工智能、大数据、物联网等新技术的发展，虚拟博物馆的展示方式和形式也在不断创新和更新，未来虚拟博物馆还将面临更大的发展机遇和挑战。

在虚拟博物馆数字化展示的最初阶段，它主要是将文字、图形等二维的静态图像进行数字化集成，构建出展品的数字媒体的图形数据库，为观众和研究人员提供更为丰富的展品信息。在此阶段，它的作用主要是增加了展品的信息量。

随着对3D技术的深入研究，3D技术得到了迅速的发展，为3D展示提供了便利。利用三维技术、三维扫描技术等构建出三维场景、三维数字展品，通过环屏、立体眼镜等VR的输出设备，观众可以在虚拟场景中看到在场景的全景图中的数字展品，还可以用数字手套去触碰虚拟场景中的数字展品，从而给观众带来强烈的真实感，获得直观的体验。

互动是数字演示的重点。展示的环境不仅是给观众提供一个可以展示展品的环境空间。在虚拟博物馆中，观众可以与虚拟环境进行互动，可以选择自己想要参观的展品，可以制定参观路线，可以参加博物馆的展示活动，可以和其他参观人员进行互动，还可以在虚拟系统中进行一场游戏，以达到漫游虚拟博物馆的目的。由此可以看到，观众拥有高度的自主权，同时，还可以进行人性化的展览。

（三）虚拟博物馆中的数字化展览设计的方式

在虚拟博物馆中，展示设计已经发生了巨大的变化。与传统博物馆相比，它在展示设计的理念、空间环境、设计方法等方面都具有了新的特征和优势。数字化展示设计是一种将多种技术融合在一起的设计，它能够有效地将观众的每一种感官都投入展示中去，从而提升了观众的兴趣。对虚拟博物馆的数字展示设计的研究，主要从观众在展示中的角色、接收展示信息的方式、观众的参观感受三个角度来进行，强调观众在展示中的重要性。

1. 被动式数字化展示设计

网络博物馆属于虚拟博物馆的一种重要形式。在网络博物馆中，使用数字化技术，构建出一个具有较大存储容量的数据库。之后，以网络网站的设计形式，向观众提供博物馆的参观、浏览、信息查询、检索等内容。在这个过程中，观众可以从网络上获得博物馆所提供的信息以及与之有关的服务。在这个过程中，观众扮演的是一种被动的接收博物馆所提供的数字展品的信息的角色。这种展览形式主要是在博物馆的网站上使用的。它的特征是，博物馆向观众提供了某些可以进行展示的信息，而观众与展品之间缺乏信息的交换和反馈。在我国，大部分的博物馆网站都采用了这一模式。

个性化数字展示是一种基于被动式数字展示的新形式，它是一种更加人性化的展示方式，它强调了用户的个性化，让用户可以根据自己的需求，“自主”地选择要去哪一家博物馆，用户获得的信息也是不一样的，它体现了个性化的特征。随着数字技术的飞速发展，虚拟博物馆将观众参观的个性化、展示信息传递的扩展性等要求作为出发点，在数字化展示设计方面，提出了多种面向观众的虚拟博物馆的展示系统构架。比如，故宫博物院利用互联网技术，从大到小，都可以在网上看到故宫博物院的详细情况，甚至连一张小床的详细资料，都可以上传到故宫博物院，让观众可以根据自己的需要，选择自己想要的东西，还可以在故宫博物院的网站上，为观众提供一条通往故宫的路线。

2. 交互式数字化展览设计

在实体博物馆中，交互式展示手段使用得比较多。观众可以亲自来到现场，跟现场的场景和展品展开互动。伴随着数字技术的不断发展，博物馆展示的人性化主题也更加凸显。交互式展示方式已经成为博物馆展示的一种重要方式。在虚拟博物馆中引入互动的展示方法，其重点在于如何将观众引入虚拟博物馆的展览中。观众在网络博物馆中对博物馆的数字化展示有了更多的了解。在此过程中，博物馆向观众提供了数量庞大的数字展品和信息。与此同时，还向观众提供了一些可以用于进行创意的数字应用软件等工具。观众可以在对展览的认识基础上，来对自己的作品展开展示。接着，他们将自己的创作利用网络传输到博物馆的网站上，从而构建出一个属于自己的数字博物馆的展示区。这样，作为虚拟博物馆的一部分的展览就更能体现出展示的人性化特点。

二、虚拟博物馆中的数字化展览技术类型

数字技术在虚拟博物馆展示中的应用，推动了展览方式的数字化发展，让展览参观变得更加方便、快捷。这样的展示技术可以引起观众的兴趣，吸引他们前去参观，这样才能更好地展现出文物展品的价值。这对于博物馆的建设和管理，以及对文物的研究和保护，都有着十分重要的作用。

（一）激光全息成像技术

激光全息图是一种用一束光复制一次而成的方法，虚像是用一束光发散一次而成的方法。由光束所形成的图像，给观众带来了一种非常强烈的立体感和真实感，无论是在形状上，还是在纹理质感上，激光全息成像都可以为观众提供真实的图像信息，就像一个活生生的东西摆在面前。它比人们在日常生活中所见到的两个平面的图片更具有真实感和信息量。因为激光全息成像技术可以将原物逼真地重现出来，所以它还具备了很强的立体感和真实感，这使得它成为一种被广泛应用的数字化展示设计技术，在大型的博物馆、科技馆等场所有着十分广泛的应用。

（二）VR 技术

VR 的特点使得其在交互性、自主性、存在感、多感知性等方面具有独到的优势，这也使 VR 技术在博物馆的数字化展览中被大范围推广使用。根据观众的感知程度、互动特性等不同的因素，VR 技术可以划分为桌面化和沉浸化的两种不同系统。

1. 桌面 VR 技术系统

以电脑的屏幕为媒介，观众可以通过相应的硬件装置，在显示器上观看到真实的立体影像。桌面 VR 技术系统的环境并不是一个完整的虚拟环境，而是一个让人在真实的环境里观察、感受虚拟的立体图像。该技术适用于便携式虚拟展厅或网上虚拟展厅，使观众能更容易观看到虚拟画面。

2. 浸入式 VR 技术系统

浸入式 VR 技术系统，可以为观众提供一个相对封闭的空间，在视觉、触觉等方面都可以达到沉浸的效果。这样，观众就可以完全沉浸在一个虚拟的世界中，从而获得一种身临其境的体验。这项技术通过头盔、多个屏幕，以及从各个角度环状屏幕，把观众从真实的世界中分离出来。在博物馆的虚拟展览中，因为这项技术，观众可以充分参与到展览中，画面效果真实、丰富，观众可以从多个角度去感知展览中的信息。比如，日本凸版印刷集团与中国故宫博物院合作开发了“3D 影像，感受故宫辉煌”系统，让观众可以从多个角度，全方位地观赏故宫博物院的藏品，为观众提供了一个完整、立体的展示空间。

其技术特征为：首先利用计算机建立故宫的3D模型，然后通过3D扫描、数码相机等手段获取故宫的真实景观，并将其粘贴到3D模型上，最终形成完整的故宫的3D数字场景。

3. 分布式VR技术系统

多个用户用计算机网络连接在一起。尽管用户处于不同的位置，但是分布式VR技术系统给观众的感觉就像在一个真实的环境中。在这个环境中，观众可以进行交流和信息发布等。

按照硬件设备的不同，VR技术可以划分为主动式与被动式两种。主动VR技术指的是戴着有源立体眼镜，通过左右眼睛的眼镜发出的信号来控制图像的生成。这种眼镜主要应用在一个摄像的投影屏幕立体成像被动VR技术中，它的主要特点是两个投影仪分别形成左右眼的图像，不需要信号同步，观众可以佩戴无源立体眼镜，也就是偏光镜。因为两台相机所拍摄的像是两个相距很近的像，所以可以用偏光眼镜来制作出立体的像。随着计算机图形学、图像学的发展，计算机将一幅图片经过技术的整合后，将一幅静物照片生成了多视角三维的仿真立体图像。观众可提前了解展品的信息，并可通过计算机网络与展品进行互动。

三、虚拟博物馆中的数字化展览总结

虚拟博物馆是通过数字技术实现博物馆展览的数字化平台，可以呈现出博物馆展览的多媒体内容、展品陈列、交互体验等。虚拟博物馆设计数字化展览的内容主要包括以下几个方面。

（一）数字化展品

将实体展品数字化，通过虚拟博物馆呈现出来，以便于观众随时随地进行观赏。数字化展品通常是通过3D扫描、拍摄等技术进行制作，可以实现精细的展示效果。举例来说，虚拟博物馆中可以展示3D数字化印刷品，包括建筑模型、文物、雕塑等，可以通过虚拟博物馆网站或应用程序中的3D模型来观看和探索；数字化展品还包括数字版画，数字博物馆中的数字版画涵盖了各种不同的艺术风格和历史时期，可提供更广泛的观察和探索，包括图像和详细的元数据等，与传统的展示方式有很大的不同之处；数字博物馆还可以展示历史数字档案和文化数字档案，并提供对文档、手稿、照片、地图、音频和视频等的访问；虚拟博物馆包括来自世界各地的数字艺术品，包括绘画、雕塑等，可以帮助人们更深入地了解艺术家和这些艺术品的历史和文化意义；虚拟博物馆的虚拟展览功能是十分重要的功能，数字博物馆包括全球各地的数十个线上展览，通过虚拟展览，可以让人们更加方便地了解和探索其他国家、其他文化、其他领域的展览。

（二）VR 场景

VR 技术可以使观众沉浸在虚拟场景中，体验更加逼真的文化遗产。通过 VR 头显、手柄等设备，实现交互式体验。虚拟博物馆中使用 VR 场景的例子有很多，比如达・芬奇博物馆用 VR，可以为观众提供十分真实的游览达・芬奇的工作室的体验；自然历史博物馆 (NHM) 的“虚拟古生物馆”使用 Google 的移动 VR 平台 Day dream，带给观众沉浸式的体验，探索了一些巨大的古生物，包括恐龙和巨型鲸鱼等；布洛德美术馆的“VR 之旅”可以带给观众一个完全沉浸式的艺术体验，观众居家也可以参观博物馆，并且穿过一系列的画廊，观看来自不同时间、不同风格、不同文化的艺术品；威尼斯圣・马可博物馆用 VR 技术带给观众一个探索整个威尼斯的体验，观众可以漫步在威尼斯的大街小巷，并且可以参观圣・马可广场和圣・马可大教堂，所有这些体验都是通过 VR 技术呈现的。

（三）多媒体内容

在虚拟博物馆中，可以通过多媒体方式呈现展品的相关内容。例如视频、音频、图片等，可以加深观众对文化遗产的理解和认知。在虚拟博物馆中，多媒体内容的展示是很常见的，比如英国国家铁路博物馆就通过虚拟博物馆展示了英国的火车文化和历史，包括有声音频和影像记录、模拟驾驶火车的游戏等多种多媒体展示方式；纽约大都会艺术博物馆通过虚拟博物馆展示了自己的馆藏作品，支持 360 度全景浏览，并支持高清图像和音频解说等功能；美国国家空间博物馆通过虚拟博物馆展示了美国航天科技的历史，包括视频和音频记录、VR 体验等多种多媒体展示方式；还有意大利维特鲁威文明博物馆，通过虚拟博物馆展示了古罗马时期的历史文化，包括 3D 建模、VR、音视频等多种多媒体展示方式，这些都是虚拟博物馆使用多媒体技术进行展览的例子。

（四）数据可视化

将数据可视化，通过图表、地图等形式展示相关信息。例如历史事件的时间轴、地理位置等，让观众更加直观地了解文化遗产的历史和地域背景。数据可视化技术在虚拟博物馆展览中的应用是比较普遍的，比如美国自然历史博物馆通过数据可视化展示了地球上动物和人类的演化历程，包括交互式数据可视化、3D 可视化等多种数据可视化展示方式；加拿大国家历史博物馆通过数据可视化展示了加拿大历史文化的数据，包括交互式地图、数据图表、时间轴等多种数据可视化展示方式；斯密森尼国家民族博物馆通过数据可视化展示了全球各地的民族文化数据，包括交互式地图、数据图表等多种数据可视化展示方式；德国柏林博物馆通过数据可视化展示了欧洲文化艺术的历史数据，包括交互式地图、时间轴等多种数据可视化展示方式。

（五）互动性

虚拟博物馆在展示数字化展品的同时，也可以通过游戏、问答、互动等方式提高观众参与度，增强体验感。互动性的内容广泛地存在于各大虚拟博物馆中，比如在艺术博物馆的虚拟展览中，观众可以通过点击画作进一步了解画作背后的故事和艺术家的背景。例如，他们可以点击一个画作，了解它的历史和制作过程，或者探索艺术家的名字、生平和风格；在历史博物馆的虚拟展览中，观众可以使用 VR 技术探索不同的历史场景。例如，他们可以戴上 VR 头盔，体验一场战争或者一个历史时期的生活方式，或者使用语音导游了解每个展品的历史和文化背景；在科技博物馆的虚拟展览中，观众可以与科技产品互动。例如，他们可以拆装一台机器，了解其内部机构和工作原理，或者与机器人交互，探索人工智能和机器人技术。同时还可以体验虚拟现实和增强现实技术，探索科技的未来发展方向等等。

通过以上方式，虚拟博物馆可以设计出更生动、具有互动性的数字化展览，让观众更好地了解、认识并体验文化遗产。虚拟博物馆的数字化展示技术侧重于对展品的理解，数字化技术的运用最终都是以受众为中心的，受众所表现出来的价值也在不断提高，实现了多维的信息展示空间，在与人的互动过程中，人们的视觉、听觉和触觉都得到了很好的结合，所以情感在展示的过程中占据了很大的比重，人们的感觉也变得更加真实。此外，从设计艺术的角度来看，虚拟博物馆的数字化展示也属于一种综合性的设计艺术，它将多个学科和技术相结合，在技术运用的过程中，还能给人带来一种艺术的享受。比如，虚拟演播室、虚拟漫游、交互式虚拟音乐会等。此外，在教育方面，虚拟博物馆的数字化展览更能发挥出其自身的优势。在信息的传播过程中，不受时间和空间的制约，观众可以跨越时空去感受事物的体验，感受到时间和空间的变化，在虚拟空间中，人们可以体验到自己从未经历过的事物，从而提高自己的情感魅力。

在展览方式的设计上，数字技术对设计的思路进行了改进，让观众可以在一个虚拟的场景中自由地遨游，让他们可以进行人机之间的自由互动，让观众的参与热情得到最大限度的激发，从而提高了展示的效果。比如，观众希望能够体验赛车的高速感，体验海底深处的压力感等，利用数字化的展览方式，让观众能够在一个虚拟的数字环境中体验到展示的内容。

与传统的博物馆比较起来，虚拟博物馆在建设方面没有受到空间的制约，它可以随时对展品的各种参数进行调整，比如展品的类型、材质、色彩等。此外，系统还可以根据展示方案的变化，方便、快捷地对布展的内容进行调整，这样就提升了展示设计方案的调整能力，还提升了工作效率，极大地节约了博物馆建设的经费。

从本节内容的讨论中我们可以看出，数字技术已经成为博物馆展示事业发展的一个重要的组成部分。第三次技术革命使得博物馆展示的技术手段已从传统单一的静态图片、模型的展示方式转变为以数字技术为主导的人性化的多维展示方式。展示设计是数字化变革的试验点，随着计算机技术的飞速发展，在信息化的高度竞争环境下，利用数字化技术来传递信息，已成为主要的展示设计方法，而博物馆的数字化展出，无论是在展示方法上，还是在技术上，都已无法脱离数字技术的支持。在虚拟博物馆展示建设中，数字技术是一种重要的技术手段和支持，数字技术的迅速发展一定会给博物馆展览的领域带来一场全新的变革。

参考文献

[1]王明迪.大足石刻数字博物馆展示设计研究[D].重庆大学,2015.
[2]崔峰峰.基于Hadoop的数字博物馆构建研究[D].西北师范大学,2015.
[3]张丽.数字化时代中国博物馆教育发展研究[D].华中师范大学,2015.
[4]周玲玲.西藏民族文化遗产数字化保护现状分析与对策研究[D].西藏民族学院,2015.
[5]张晓晴.基于手机媒体下数字博物馆App应用研究[D].齐齐哈尔大学,2015.
[6]陆可.基于移动增强现实的数字博物馆应用研究[D].西安邮电大学,2015.
[7]陈谦.数字博物馆虚拟场景实时交互的技术与实现[D].兰州交通大学,2014.
[8]张娜.数字博物馆艺术设计的应用研究[D].西安美术学院,2014.
[9]徐俐媛.智能手机应用与博物馆教育研究[D].吉林大学,2013.
[10] 胡扬帆.基于iPhone平台的移动博物馆App的设计与实现[D].北京林业大学,2013.
[11] 王麒瑞.数字化文物展示与保护的虚拟技术解析与应用[D].吉林艺术学院,2012.
[12] 李慧.数字博物馆与实体博物馆展示内容设计的比较研究[D].东北师范大学,2009.
[13] 黄秋野.博物馆中的数字化展览及展示技术研究[D].江南大学,2008.
[14] 朱晓冬.数字博物馆关键技术研究[D].西北大学,2004.
[15] 田泽同.虚拟现实在唐陵数字化保护中的应用与研究[D].西安理工大学,2018.

图书在版编目（CIP）数据

博物馆数字化建设与应用研究 / 杜婷婷，施林欣著．
湘潭 ：湘潭大学出版社，2024. 3. -- ISBN 978-7-5687-1649-9

Ⅰ. G26-39

中国国家版本馆 CIP 数据核字第 2024WM5673 号

博物馆数字化建设与应用研究

BOWUGUAN SHUZIHUA JIANSHE YU YINGYONG YANJIU

杜婷婷 施林欣 著

策划编辑：刘文情
责任编辑：刘文情
封面设计：张 波
出版发行：湘潭大学出版社
社 址：湖南省湘潭大学工程训练大楼
电 话：0731-58298960 0731-58298966（传真）
邮 编：411105
网 址：http://press.xtu.edu.cn/
印 刷：湖南新闻彩色制版印务有限公司
经 销：湖南省新华书店
开 本：710 mm×1000 mm 1/16
印 张：12.5
字 数：205 千字
版 次：2024 年 3 月第 1 版
印 次：2024 年 3 月第 1 次印刷
书 号：ISBN 978-7-5687-1649-9
定 价：68.00 元